# Die Entstehung einer Handelsschule

Mary Schenck Woolman

Writat

Diese Ausgabe erschien im Jahr 2023

ISBN: 9789359255996

Herausgegeben von
Writat
E-Mail: info@writat.com

# Inhalt

# TEIL I
# ORGANISATION UND ARBEIT

## Geschichte

DIE Manhattan Trade School for Girls nahm ihre Arbeit im November 1902 auf. Das für die Schule ausgewählte Gebäude war ein großes Privathaus in der 233 West 14th Street, das wie eine Fabrik ausgestattet war und bequem 100 Schülerinnen beherbergen konnte. Es wurden Schulungen in verschiedenen zufriedenstellenden Berufen angeboten, die den fachmännischen Umgang mit der Nadel, dem Pastenpinsel sowie den Fuß- und Elektronähmaschinen erforderten.

Angefangen mit zwanzig Schülern am ersten Tag, dauerte es nur ein paar Monate, bis alle 100 Schüler im Einsatz waren und sich weitere bewarben. In dem Bemühen, allen zu helfen, die Unterricht wünschten, war das Gebäude bald überfüllt. Es wurde somit deutlich, dass, wenn nicht mehr Unterkünfte zur Verfügung gestellt wurden, die Zahl der bereits Anwesenden verringert werden musste und andere, die auf die Schulung bedacht waren, abgewiesen werden mussten. Es wurde entschieden, dass das Unternehmen zwar noch jung war, der Bedarf jedoch dringend war und ungewöhnliche Anstrengungen erforderte. Es wäre daher ratsam, alle Anstrengungen zu unternehmen, um geräumigere Quartiere zu erwerben. Im Juni 1906 zog die Schule in ein schönes Geschäftsgebäude in der 209-213 East 23d Street um, das etwa 500 Mädchen täglichen Unterricht bieten konnte.

Die Bewegung verdankt ihre Existenz der ernsthaften Untersuchung, die eine Gruppe von Frauen und Männern, die sich für philanthropische, soziologische, wirtschaftliche und pädagogische Arbeit interessieren, mit der Lage der arbeitenden Mädchen in New York City befasste. Sie alle waren mit den Schwierigkeiten der Situation bestens vertraut. Zu Beginn des Winters 1902 führte dieses Komitee eine Sonderuntersuchung der Arbeitsräume von New York durch. Umso mehr waren sie davon überzeugt, dass (1) die Löhne ungelernter Arbeitskräfte sinken; (2) Es gibt zwar gute Chancen für hochqualifizierte Arbeitskräfte, das Angebot ist jedoch unzureichend. (3) Die Lage der jungen, unerfahrenen berufstätigen Mädchen muss durch die rasche Eröffnung einer Berufsschule für diejenigen verbessert werden, die das Alter erreicht haben, um Arbeitspapiere zu erhalten. (4) Wenn der öffentliche Unterricht die Organisation einer solchen Schule nicht sofort übernehmen könnte, dann muss dies die private Initiative tun, auch wenn sie für ihre Unterstützung auf freiwillige Beiträge angewiesen ist. Das Ergebnis war, dass große Anstrengungen unternommen wurden und im darauffolgenden

November die erste Berufsschule in Amerika für Mädchen im Alter von vierzehn Jahren eröffnet wurde.

Der erste Verwaltungsrat, der sich größtenteils aus Mitgliedern des ursprünglichen Untersuchungsausschusses zusammensetzte, setzte sich wie folgt zusammen:

Präsidentin, Miss Virginia Potter; Vizepräsidenten: Dr. Felix Adler, Herr John Graham Brooks, Frau Theodore Hellman, Frau Anna Garlin Spencer, Frau Henry Ollesheimer ; Schatzmeister, Herr JG Phelps Stokes; Sekretär: Herr John L. Eliot; Stellvertretende Sekretärin, Miss Louise B. Lockwood; Direktorin, Professorin Mary Schenck Woolman.

## Zweck und Umfang

Der unmittelbare Zweck der Schule bestand darin, die jüngsten und ärmsten Lohnempfänger so schnell wie möglich zur Selbstversorgung auszubilden. Es wurde beschlossen, eher den Industriearbeitern als den gewerblichen und freiberuflichen Arbeitnehmern zu helfen, da die letzten beiden bereits in gewissem Umfang in der Bildung vorgesehen sind. Die Funktion der Schule war daher die einer Kurzzeit-Handwerksschule, die dem Mädchen, das zur Arbeit gehen muss, sobald sie ihre Arbeitspapiere erhalten kann (etwa vierzehn Jahre alt), eine fundierte Ausbildung in einem produktiven Beruf ermöglicht Beruf. Eine solche Ausbildung kann auf dem Markt nicht zufriedenstellend durchgeführt werden. Die unreifen Arbeiter sind dort in so großer Zahl vorhanden, dass sie durch ihre Armut und Unfähigkeit das industrielle Problem verkomplizieren und daher dazu neigen, den Lohn zu senken. Jane Addams aus Hull House, Chicago, sagt, diese ungeschulten Mädchen „betreten die Industrie an ihrem schmerzhaftesten Punkt, wo die Berufe bereits so überfüllt und unterteilt sind, dass es in ihnen nur noch sehr wenig Bildung für die Arbeiter gibt." Die Schule wollte genau an dieser Stelle ihre Hilfe leisten.

Der Handel wiederum ist bestrebt, qualifizierte Frauen direkt für seine Arbeitsräume zu gewinnen, hat aber Schwierigkeiten, sie zu bekommen. Die Aufgabe der Schule bestand darin, einen Weg zu finden, diesem Wunsch der Arbeitgeber gerecht zu werden. Es ist wahr, dass die utilitaristische und industrielle Ausbildung, die der öffentliche und private Unterricht bietet, dem Haushalt und der Gesellschaft zugute gekommen ist, aber eine solche Ausbildung hat das Problem nicht gelöst, den jungen Arbeiter, der nur ein paar Monate übrig hat, für bestimmte Beschäftigungen angemessen zu qualifizieren. Der Mangel an dieser Anleitung bestand in der spezifischen handwerklichen Anwendung und der Flexibilität hinsichtlich der Methode, der künstlerischen Anforderungen und der mechanischen Geräte. Diese Punkte sind wichtig, um das Mädchen in direkten Kontakt mit seinem Arbeitszimmer zu bringen.

Daher übernahm die Manhattan Trade School die Aufgabe, eine wirtschaftliche Ausbildung in der praktischen Arbeit verschiedener Berufe zu ermöglichen und diese mit fähigen Hilfskräften auszustatten. Daher unterschied sich ihr Zweck nicht nur vom allgemeineren Unterricht der üblichen technischen Einrichtungen, sondern auch von den Schulen, die eine spezifische Ausbildung in einem Beruf (z. B. Schneiderei) anboten, indem sie (1) den jüngsten Lohnempfängern Hilfe anbot, (2) ließen die Wahl zwischen vielen Berufen und (3) vertraten die feste Überzeugung, dass die angemessene Vorbereitung erfolgreicher Arbeitnehmer mehr Unterrichtsfaktoren erfordert als nur die Ausbildung von Fertigkeiten. Die Ideale der Schule waren folgende: (1) ein Mädchen auszubilden, damit es sich selbst versorgen kann; (2) Bereitstellung einer Ausbildung, die es dem Arbeitnehmer ermöglicht, von einem Beruf zu einem anderen verwandten Beruf zu wechseln, *d . h . e .* , Elastizität; (3) einem Mädchen beizubringen, ihre Beziehung zu ihrem Arbeitgeber, zu ihrem Arbeitskollegen und zu ihrem Produkt zu verstehen; (4) einem Mädchen beizubringen, die Gesundheit wertzuschätzen und zu wissen, wie man sie erhält und verbessert; (5) einem Mädchen beizubringen, seine frühere Ausbildung in den notwendigen Geschäftsprozessen zu nutzen, die zu seinem Arbeitszimmer gehören; (6) eine bessere Frau zu entwickeln und gleichzeitig eine erfolgreiche Arbeitnehmerin zu werden; (7) der Gemeinschaft insgesamt beizubringen, wie man eine solche Schulung am besten durchführt, *d . h . e .* , um als Modell zu dienen, dessen Rat und Hilfe die Gründung der besten Art von Schulen für die untersten Arbeiterinnen erleichtern würde.

Mit anderen Worten: Ziel der Manhattan Trade School war es, einen Weg zu finden, (1) den Arbeiter körperlich, geistig, moralisch und finanziell zu verbessern; (2) die Arbeitsbedingungen im Arbeitsraum zu verbessern; (3) den Charakter der Industrie und die Bedingungen der Heime zu verbessern und (4) zu zeigen, dass eine solche Ausbildung praktisch durch öffentlichen Unterricht durchgeführt werden kann. Die vier Ziele sind in Wirklichkeit eins, denn die besseren Arbeiter sollten das Produkt verbessern, höhere Löhne erzielen, vorteilhaft auf die industrielle Situation und auf das Heim reagieren, und der zur Erreichung dieses Ziels formulierte Lehrgang würde bei der weiteren Einführung einer solchen Ausbildung helfen .

Es wurde nicht erwartet, dass unreife Mädchen im Alter von vierzehn oder fünfzehn Jahren sofort nach ihrem Eintritt in den Markt hohe Gehälter verdienen oder aufgeschlossene Bürger sein würden. Die Hoffnung bestand darin, ihnen eine Grundlage zu geben, die es ihnen ermöglichen würde, sich an Situationen anzupassen, die ihren Fähigkeiten am besten entsprachen, und einen stetigen Fortschritt in Richtung besserer Berufe, Löhne und Lebensbedingungen zu ermöglichen. Um dies zu erreichen, muss jedes Mädchen beim Eintritt in die Schule als fähig für eine besondere Tätigkeit angesehen werden. Diese Begabung muss entdeckt werden, damit sie dort eingesetzt werden kann, wo sie so schnell wie möglich ihre höchste Effizienz erreichen kann. Sie muss individuell behandelt werden, nicht wie eine Klassenkameradin. Ihre eigenen Anstrengungen müssen geweckt werden, ihre Behinderungen wie unzureichende Gesundheit und unangepasste Bildung müssen beseitigt werden, und ihre Ausbildung muss so erfolgen, dass sie ihre Kräfte in Besitz nehmen kann.

## Bedingungen unter den Arbeitern

Die Lebensbedingungen vieler Lohnempfänger in New York City sind, kurz gesagt, wie folgt: Tausende Familien sind so arm, dass die Kinder arbeiten gehen müssen, sobald die Schulpflicht vorbei ist. Im Jahr 1897 verließen 14.900 Jungen und Mädchen die fünfte Schulklasse, die meisten von ihnen gingen aus mehr oder weniger dringender Notwendigkeit zur Arbeit. Um zu wichtigen Positionen in Fabriken, Werkstätten oder Kaufhäusern aufzusteigen, ist eine praktische Kombination aller erforderlichen handwerklichen Fähigkeiten mit der Fähigkeit erforderlich, ihre schulische Ausbildung bei schnellen Abzügen, Geschäftsbriefen, Konten und Handelstransaktionen anzuwenden. Die öffentliche Schule bietet diesen Kindern eine Allgemeinbildung an, die in der achten Klasse abgeschlossen wird, die meisten verlassen die Schule jedoch schon vorher. Aus unterschiedlichen Gründen, wie zum Beispiel ihrer ausländischen Herkunft, unregelmäßigem Schulbesuch, der Unmöglichkeit, in den überfüllten Klassen einer Großstadt viel persönliche Aufmerksamkeit zu erhalten, schlechtem Gesundheitszustand und dem Wunsch der Schüler, dem Schulalltag zu entfliehen, sobald das Gesetz gilt Zugegebenermaßen verfügen die meisten von ihnen, die schon früh in den Handel einsteigen, nicht über eine zufriedenstellende Ausbildung, die ihnen im Berufsleben weiterhilft. Jahr für Jahr werden sie als mangelhaft befunden, und dennoch kommen junge Arbeiter mit vierzehn Jahren immer noch aus der Schule, mit schlechtem Gesundheitszustand, geringen handwerklichen Fähigkeiten, unvorbereitet, Geschäftsbriefe zu schreiben oder sich klar auszudrücken, weder mit der Zunge noch mit der Feder, und ohne Interesse an den täglichen Nachrichten, außer B. bei persönlichen oder tragischen Ereignissen, ohne Kenntnis der kommunalen Umstände, die sie betreffen, ohne Kenntnis der einfachen Bedingungen des Geschäftslebens und weil ihre Arithmetik selbst bei einfachen Grundprozessen, wenn sie mit Einzelheiten des Handels kompliziert sind, nicht anwendbar ist. Die mechanischen Prozesse, die sie kennen, sind daher jetzt nutzlos, wenn sie nicht zuerst das Problem durchdenken können.

Diese Jungen und Mädchen bereuen es nicht, die Schule verlassen zu haben, und sind in der Regel froh, zur Arbeit zu gehen. Die Tragödie des Lebens beginnt jedoch, wenn sie zu Lohnempfängern werden, denn sie sind nur für ungelernte und schlecht bezahlte Positionen geeignet. Einem kleinen vierzehnjährigen Mädchen fällt es schwer, in den überfüllten Arbeitsräumen New Yorks eine zufriedenstellende Beschäftigung zu finden. Sie oder ein Mitglied ihrer Familie durchsucht eifrig das Anzeigenblatt einer Tageszeitung. Die meisten „Wünsche" können von ihren groben Kräften überhaupt nicht erfüllt werden. In irgendeinem Geschäftshaus wird vielleicht eine ungelernte Arbeitskraft gesucht, aber die Bewerberin stellt fest, dass Hunderte anderer Mädchen herbeiströmen, um die gleiche Stelle zu bekommen, und ihre Chance ist zu gering, als dass sie Hoffnung hätte. Oder vielleicht wird sie nach anstrengenden Tagen des Umherwanderns von Ort zu Ort dem Chef eines Ladens empfohlen und findet sich inmitten von Maschinen wieder, die mit 4.000 oder mehr Stichen pro Minute vorwärts rasen. Sie hilft einer fleißigen Arbeiterin beim Anfertigen von Herrenhemden. Ihre Aufgabe besteht darin, Teile zusammenzustecken, fertigzustellen oder Besorgungen zu erledigen. Vom frühen Morgen bis zum späten Nachmittag, mit einer Mittagspause, muss sie bereit sein, mitzuhelfen. Sie kann bestenfalls 2,50 oder 3,00 $ pro Woche bekommen. In dieser Werkstatt ist kein Aufstieg möglich, es sei denn, sie kann gut an einer Maschine arbeiten. Ihre Kollegen sind zu beschäftigt, um sie zu unterrichten, denn jede Pause bedeutet eine Kürzung ihres geringen Lohns. Vielleicht bleibt sie bestehen und kann endlich eine Maschine kontrollieren. Indem sie lernt, eine Sache schnell zu erledigen, kann sie einen besseren Lohn erzielen, aber oft vergehen zwei oder sogar mehr Jahre im Handel, bevor sie fünf Dollar pro Woche verdienen kann. Nachdem sie mehrere Saisons damit verbracht hat, den gleichen Prozess tausende Male durchzuführen, lässt ihr Wunsch nach einer neuen Arbeit nach und sie hat Angst, etwas anderes als ihre festgelegte Aufgabe zu versuchen. Normalerweise lehnt sie es ab, eine anspruchsvollere Arbeit auszuprobieren, selbst wenn ihr während des Lernens ein gutes Gehalt angeboten wird, da sie ihre Fähigkeit verloren hat, voranzukommen.

Im Allgemeinen kann man sagen, dass das untrainierte Mädchen den besten Platz einnehmen muss, den es finden kann, unabhängig von seinen Fähigkeiten, seiner körperlichen Verfassung oder seinen Neigungen. Die begehrtesten Berufe stehen ihr selten offen, denn sie erfordern Arbeiter mit Erfahrung oder zumindest solche, die eine anerkannte Ausbildung erhalten haben. Selbst wenn ein grünes Mädchen in einen Handwerksberuf einsteigt, kann es darin nicht leicht aufsteigen und wird leicht in der ersten schwachen Saison abgebrochen. Die Art der Positionen, die ihr offen stehen, hat in der Regel wenig Zukunft, da es sich um isolierte Berufe handelt, die nicht zu weiterführenden Tätigkeiten führen. Beispiele für diese Beschäftigungen sind das Wickeln von Zöpfen, das Sortieren von Seide, das Erledigen von Besorgungen, das Binden von Fransen, das Herausnehmen und Einsetzen von Knöpfen in einer Wäscherei, das Eintauchen von Süßigkeiten, das

Sortieren von Lampen, das Herstellen von Zigaretten, das Bedienen einer Maschine und das Zubinden von Paketen. Diese jungen, ungelernten Mädchen wandern von einem dieser Berufe zum anderen; Ihre Gehälter steigen und fallen, da sie nie hoch sind, je nach dem Bedürfnis, das die Arbeiterin verspürt, und nicht, weil ihre zunehmenden Fähigkeiten ein Faktor in ihrem Berufsleben sind. Nach mehreren Jahren auf dem Markt geht es ihr kaum besser als bei ihrem Eintritt.

## Einige Schwierigkeiten der Organisation

Um diese ernste Situation zu lindern, wurde die Manhattan Trade School gegründet. Es begann seine Arbeit angesichts großer Entmutigungen. Die Arbeitgeber hatten Vorurteile gegenüber einem solchen Unterricht, da Mädchen, die in ehemaligen technischen Schulen ausgebildet wurden, in den Arbeitsräumen keine Freude bereitet hatten. Die Eltern der Schüler hatten das Gefühl, dass sie sich nicht über das Ende der Schulpflicht hinaus opfern durften, sondern ihre Kinder dann in Erwerbstätigkeiten schicken mussten. Es war unmöglich, staatliche oder kommunale Hilfen zu erhalten, und es war bekannt, dass das Experiment kostspielig sein musste, denn: (1) Eine Berufsschule muss das ganze Jahr über für Tagesunterricht und bei Bedarf für Nachtarbeit geöffnet sein (Schulen sind normalerweise geöffnet). von acht bis zehn Monaten). (2) Die Arbeiten müssen mit geeigneten Materialien durchgeführt werden, die oft teuer und verderblich sind; aber die Schüler sind zu arm, um sie bereitzustellen, deshalb muss die Schule dies planen. (3) Die Vorgesetzten müssen gut ausgebildet sein, eine aufgeschlossene Sicht auf die Branche haben, zu originellem Denken fähig sein und über praktische Kenntnisse über die Anforderungen des Handels verfügen (Frauen von diesem Kaliber können immer die besten Gehälter erzielen). Auch die Lehrkräfte und Werkmeisterinnen müssen in ihren Arbeitsräumen pädagogisches Können mit Kompetenz vereinen; Da der Markt jedoch eine ähnliche Dienstleistungsklasse wünscht und dafür hervorragende Löhne zahlt, muss die Schule einen ähnlichen oder sogar einen höheren Betrag anbieten. (4) Lehrer in hochqualifizierten Branchen sind in der Regel Experten in nur einem Beruf, beispielsweise in der Herstellung von Strohhüten mit elektrischen Maschinen oder in der Herstellung von Schmuckkästchen; Selbst wenn die Zahl der Studierenden klein ist, kann daher die Zahl der Lehrkräfte selten reduziert werden, ohne dass eine ganze Abteilung oder ein Berufszweig aufgegeben wird. Eine Berufsschule unterscheidet sich in diesem Punkt von einer weiterführenden Schule, da dort bei Bedarf zwei oder mehr akademische Fächer von demselben Lehrer unterrichtet werden können.

Eine weitere Schwierigkeit, mit der die Schule zu Beginn konfrontiert war, bestand darin, dass zwar zahlreiche Berufe in New York Frauen offen standen, es jedoch Grund zu der Annahme gab, dass einige davon nicht gut für Frauen geeignet waren. Zu dieser Zeit war wenig darüber bekannt , welche Berufe gute Löhne, stetigen Aufstieg in bessere Positionen, zufriedenstellende sanitäre Bedingungen und mäßige Arbeitszeiten boten; der physischen Wirkung vieler beliebter Berufe; der spezifischen Anforderungen jeder Art von Beschäftigung; von der Wirkung der arbeitenden Mädchen in ihren Arbeitsräumen und in ihren Häusern; über ihre Gesundheit und wie man sie verbessern kann; der Bedürfnisse und Wünsche der Arbeitgeber; des Verhältnisses der Gewerkschaft zur Berufsausbildung und der Arbeitsgesetzgebung, die bereits in Kraft ist oder weiterentwickelt werden sollte. Bevor man sich für einen Lehrgang an der Manhattan Trade School entschied, musste man sich einige genaue Kenntnisse über diese Fakten aneignen.

## Auswahl an Gewerken

Die Auswahl bestimmter Berufe erfolgte nach fünfmonatiger Untersuchung in den Fabriken, Werkstätten und Kaufhäusern von New York City. Generell lässt sich von den gewählten Berufen sagen, dass dort viele Frauen beschäftigt sind; erfordern Fachkräfte; Es ist schwierig, eine Ausbildung für sie zu bekommen. es besteht die Chance, in bessere Positionen aufzusteigen; Die Löhne sind gut und in den Arbeitsräumen herrschen sowohl physische als auch moralische günstige Bedingungen. Einige Berufe, in denen Frauen beschäftigt waren, wurden abgelehnt, da sie nicht den erforderlichen Anforderungen entsprachen, während andere nicht ausgewählt wurden, da in ihnen aufgrund des Eingreifens von Männerberufen kaum Aufstiegschancen bestanden. Man berücksichtigte die Flaute, die in vielen ansonsten guten Beschäftigungsverhältnissen auftrat, und es wurden Pläne ausgearbeitet, die es der Arbeiterin ermöglichen sollten, in einen anderen verwandten Beruf zu wechseln, wenn ihr eigener Beruf schwach war. Wenn ein Mädchen die vollständige Kontrolle über ihr Werkzeug erlangt , kann sie sich mit weniger Schwierigkeiten an andere Berufe anpassen, in denen es verwendet wird, als sie zu einem Beruf wechseln kann, der ein anderes Werkzeug erfordert. Frauenindustrien konzentrieren sich größtenteils auf den geschickten Einsatz einiger weniger Werkzeuge. Diese Werkzeuge wurden als Zentren der schulischen Aktivitäten ausgewählt und die damit verbundenen Berufe wurden von ihnen ausgehend. Es wurde festgestellt, dass die anspruchsvollsten Berufe die Verwendung der Nähmaschine, des Fußes und der elektrischen Energie, des Pinsels, des Kleisterpinsels und der Nadel erfordern. Statistiken zeigen, dass mehr als die Hälfte der Erwerbstätigen in New York, von denen es mindestens 370.000 gibt, davon betroffen sein wird, den Umgang mit diesem letztgenannten Instrument zu erlernen. Zusätzlich zu dem allgemeinen Plan, eine Arbeitskraft so auszurüsten, dass sie in der Nebensaison eine andere vergleichbare Tätigkeit aufnehmen kann, wird zu diesem Zweck eine spezielle Ausbildung für diejenigen Studenten angeboten, die sich für Berufe entscheiden, in denen die Hauptsaison kurz ist und häufig wiederkehrt.

## Handelskurse

Der Lehrplan umfasst Unterricht in den folgenden Berufen: Die Kurse sind kurz und der Unterricht erfolgt in Fachrichtungen:

I. Verwendung von elektrischen Nähmaschinen.

1. Allgemeiner Betrieb – ( günstigere Arbeitsvariante – saisonal; faire Löhne. Bessere Arbeitsqualität – das ganze Jahr über , faire und gute Löhne, Stück- oder Wochenarbeit): Hemdblusen, Kinderkleider (Stoff und Baumwolle), Jungentaillen, Kleinkinder Bekleidung, Kinderbekleidung, Damenunterwäsche, schicke Petticoats, Kimonos und Ankleidebeutel.

2. Spezialmaschinen – ( saisonale bis ganzjährige Arbeit, je nach Art und Nachfrage, guter Lohn): Spitzenstich, Hohlsaum, Knopflochstich, Stickerei (Hand- und Bonnazstich) und Bogenstich.

3. Schneidereibetrieb – ( ganzjährig, gutes Gehalt): Dessous, ausgefallene Taillen und Anzüge.

4. Strohnähen – ( hervorragende Löhne für eine kurze Saison, aber der Arbeiter kann dann im allgemeinen Betrieb zu guten Löhnen zurückkehren): Damen- und Herrenhüte.

II. Verwendung der Nadel- und Fuß-Nähmaschinen.

1. Kleider- und Bekleidungsherstellung – ( Jahreszeiten neun bis elf Monate und faire bis gute Löhne): Uniformen und Schürzen, weiße Arbeit und einfache weiße Stickereien, Turn- und Badeanzüge (Großhandel und Maßanfertigung), Unterwäsche, Kleiderstickerei, Schneiderei (einfach). und schick).

2. Hutmacherei – ( kurze Saisonarbeit, niedrige Löhne, für den durchschnittlichen jungen Arbeiter schwierig aufzusteigen): Garnituren und Rahmenherstellung.

3. Herstellung von Lampenschirmen und Kerzenschirmen – ( Saisonarbeit, faire Bezahlung). Dieser Handel ergänzt die Millinery.

III. Verwendung von Kleister und Kleber: 1. Mustermontage (fast einjährige Arbeit, fairer Lohn). 2. Musterbucheinbände, Etikettierung, Neuheiten und Dekorationen aus Seidenpapier (Saison- und Ganzjahresarbeit , gute Bezahlung). 3. Neuheitsarbeit ( ganzjährige Arbeit, Umstellung innerhalb des Arbeitsraums, um der Nachfrage gerecht zu werden, gute Löhne). 4. Herstellung von Schmuck- und Silberwarengehäusen ( ganzjährige Arbeit, gutes Gehalt).

IV. Verwendung von Pinsel und Bleistift ( ganzjährige Arbeit, gutes Gehalt): Spezielle Grundgewerbe, Lochen und Stempeln, Kostümskizzen, Foto- und Diaretusche.

*Notiz.* Ganzjährige Arbeit umfasst im Allgemeinen einen Urlaub von längerer oder kürzerer Dauer, in der Regel ohne Bezahlung.

## Eingangspläne

Die Schule ist das ganze Jahr über geöffnet, um Mädchen auszubilden, wann immer sie kommen – die Sommermonate, in denen in den meisten Berufen wenig Zeit herrscht, sind für den Unterricht besonders wünschenswert. Die Studiengebühren sind kostenlos und in Fällen äußerster Notwendigkeit gewährt ein Ausschuss Studienbeihilfen im Verhältnis zum Bedarf. Der Eintritt in die Tageskurse für Mädchen im Alter von vierzehn bis siebzehn Jahren, die ihre Arbeitspapiere vorzeigen oder einen Altersnachweis vorlegen können, wenn sie unter sechzehn sind, kann jede Woche erfolgen.

Jedes Mädchen, das sich anmeldet, erhält nach der Auswahl seines Berufes einen maschinengeschriebenen Aufsatz, der die möglichen Schritte für den Aufstieg in dem von ihm gewählten Studiengang aufzeigt. Sie nimmt dies mit nach Hause, damit die Familie weiß, was vor ihr liegt. Sie kann durch besondere Anstrengungen oder durch externes Lernen die Dauer ihrer Ausbildung verkürzen. Der erste Monat in der Schule ist eine Prüfungszeit. Wenn das Mädchen die erforderlichen Eigenschaften zeigt, darf es weitermachen.

Während des Probemonats entscheiden ihre Ausbilder, was sie braucht und ob der gewählte Beruf der beste für sie ist. Das Recht auf eine völlige Veränderung bleibt vorbehalten, wenn ihr Gesundheitszustand nicht dem gewünschten Zustand entspricht , sie dazu nicht in der Lage ist oder eine besondere Begabung in einer anderen Richtung nachweist.

## Industrielle Intelligenz

Jede Studentin verfügt im Rahmen ihrer Berufsausbildung über die akademische Arbeit, die Kunst und das körperliche Training, die notwendig erscheinen; Wenn sie bestimmte Standards erfüllt , darf sie sich dann ganz der von ihnen gewählten Tätigkeit widmen. Es ist für eine Arbeiterin, die über handwerkliches Geschick und keine entsprechende Ausbildung verfügt, nicht möglich, in ihrem Beruf weit aufzusteigen. Es gibt viele Tragödien auf dem Markt der Frauen, deren schlechte frühe Bildung sie daran hinderte, weiterzukommen. Präzise Ausdrucksweise, sei es mündlich oder schriftlich, der Einsatz von Arithmetik bei einfachen Handelstransaktionen oder detaillierten Abrechnungen, die Fähigkeit, die wichtigen Faktoren in jeder Situation zu erfassen und dann ohne Zeitverschwendung oder Bewegung an die Arbeit zu gehen, sind für Vertrauenspositionen erforderlich zur Aufsicht in jedem Arbeitsraum. Es stellte sich bald heraus, dass die Mädchen, die die Schule betraten, nur abstrakte Rechenkenntnisse besaßen, aber bei der Bewältigung gewöhnlicher Handelsaufgaben nicht weiter wussten. Sie sind beim Lesen und Kopieren ungenau; Sie können kein Bewerbungsschreiben verfassen, keine Korrespondenz führen, Schecks ausstellen oder einfache Konten führen. Sie sind sich der bereits erlassenen Gesetze, die sie betreffen, und ihrer eigenen Beziehung zu zukünftigen Gesetzen nicht bewusst. Sie haben keine Ideale in ihrem Berufsleben. Sie müssen den Zusammenhang zwischen ihrem gewählten Beruf und dem Land, zwischen ihrer Arbeit und dem Erfolg ihres Arbeitgebers erkennen und sehen, welchen Effekt sie möglicherweise auf ein besseres Gefühl zwischen dem Arbeitgeber und dem Lohnempfänger haben. Eine praxisnahe, sofort verfügbare kaufmännische Ausbildung ist für die Ausbildung von Berufstätigen mit Führungsqualitäten unabdingbar. Daher war als Ergänzung und Bereicherung der handwerklichen Kurse ein spezieller handwerklicher Unterricht in Rechnen, Englisch, Geschichte, Geographie und Staatsbürgerkunde vorgesehen.

Es wurden stetige Fortschritte bei der Bestimmung der Art des Kulturhandelsunterrichts gemacht, der diesen jungen Arbeitnehmern am besten helfen kann. Es musste ein neues Feld der praktischen Ausbildung erschlossen und daraus Lehrinhalte ausgewählt werden, die in den Arbeitsräumen von Nutzen sein konnten. Die vielen Berufe der Schule mussten studiert werden, um ihre Bedürfnisse zu kennen. Die Arbeit ist von Jahr zu Jahr wertvoller geworden und hat sich als wirklich notwendiger Bestandteil des Lehrplans erwiesen. Ein konkreter Beweis dafür ist die Tatsache, dass viele der Mädchen in der Übergangszeit Büroposten angenommen haben und für ihr Verständnis des Themas, ihre Ordnungsmäßigkeit, ihre Denkfähigkeit und ihre Zuverlässigkeit gelobt wurden. Natürlich arbeiten alle Abteilungen zusammen, um den Charakter der Studierenden zu entwickeln, aber die akademische Abteilung sieht darin ein besonderes Ziel. Die Freude am Unterrichtsfach, gefolgt von geistiger und moralischer Verbesserung, hat deutlich gezeigt, dass die akademische Langeweile, die sich bei der Aufnahme zeigt, häufig auf mangelnde Motivation in früheren Studien zurückzuführen ist. Das Interesse ist umso erfreulicher, als es in der Lehre viele Hürden gibt, denn die Studierenden steigen jederzeit ein, werden nach den von ihnen gewählten Berufen benotet und so schnell wie möglich auf den Markt gebracht; Daher kann die Arbeit in ihrem Fortschritt nicht einheitlich sein. Die akademische Arbeit hilft den Mädchen nicht nur im Berufsleben, denn auch im Privatleben sind Themen wie die Buchführung, die Berücksichtigung der Lebenshaltungskosten sowie der Wert und der Preis von Materialien von direktem Nutzen.

### Gewerbekunstunterricht

Als wesentlicher Bestandteil des Unterrichts wurden auch Kurse in Handelskunst organisiert. Jeder Beruf hat seine eigene Kunst und die Schule hat versucht, die Arbeit in den Ateliers an jeden Beruf anzupassen. Es erkennt an, dass sich die Kunst der Schneiderei von der Kunst des Hutmacherhandwerks unterscheidet, und zwar auch von der Kunst, die zum Dekorieren von Schmuckschatullen und Kalendern erforderlich ist. Es bietet somit jeder Schülerin die Art grundlegender künstlerischer Ausbildung, die sie in ihrem Beruf benötigt. Die Zeit ist zu kurz, um Designer zu entwickeln, aber sie hilft einem Mädchen, in ihrem Arbeitszimmer genauer, einfallsreicher und nützlicher zu sein, und ermöglicht ihr oft, einen höheren Lohn zu verdienen. Eine Arbeitskraft, die Zuschnitte anbringen, Designs an neue Zwecke anpassen, Muster stempeln, Kopien von Kleidungsstücken zeichnen und Farben attraktiv kombinieren kann, ist in ihrem gewählten Beruf besonders wünschenswert.

## Gesundheit

Die junge Lohnverdienerin aus New York ist durch ihre schlechte körperliche Verfassung stark beeinträchtigt; Vererbung, schlechte Lebensgewohnheiten und unhygienische Häuser zeigen ihre Auswirkungen auf sie. Die Mädchen, die in die Schule kommen, sind jung genug, um viele ihrer Mängel zu beheben. In ein paar Monaten werden sie in Positionen sein, die acht oder mehr Stunden am Tag erfordern, in denen sie alle Nerven anstrengen und alle ihre Energien einsetzen müssen, um den durch den Handelswettbewerb vorgegebenen Standards gerecht zu werden. Die Sportabteilung der Schule untersucht die Gesundheit jedes Mädchens und schult sie in der angemessenen Pflege. Die spezifische Behandlung, die einige der Studenten benötigen, nimmt ihnen viele Stunden pro Woche von ihrer Abteilungsarbeit ab. Obwohl dies seine Nachteile hat, wird es als wichtiger erachtet, die körperliche Verfassung zu verbessern, als nur die Fähigkeiten zu entwickeln, wenn der Gesundheitszustand zu schlecht ist, um die Belastung anspruchsvoller Positionen auszuhalten. Oft ist es zunächst schwierig, Eltern davon zu überzeugen, dass der Gesundheit so viel Aufmerksamkeit geschenkt werden muss. Die Ergebnisse haben jedoch in den meisten Fällen die Sinnhaftigkeit dieses Verfahrens bewiesen.

Unmittelbar nach dem Betreten der Schule und der Zuteilung in eine Abteilung muss sich jedes Mädchen beim Schularzt melden. Beginnend mit der Familiengeschichte wird eine vollständige Aufzeichnung aller wichtigen Ereignisse im Zusammenhang mit ihrem physischen Leben erstellt. Sie wird genauestens zu allen Körperfunktionen befragt und Unregelmäßigkeiten werden sorgfältig protokolliert. Augen, Ohren, Zähne, Nase, Rachen und Füße werden ebenfalls untersucht, außerdem werden Größe, Gewicht und die Hauptausdehnungen gemessen. Nach der Untersuchung erfolgt ggf. eine Einweisung in die Behandlung.

Die Arbeit in der Turnhalle hat drei Ziele: belebend, reaktiv und korrigierend. Jedes Mädchen, das nicht aufgrund körperlicher Mängel eingeschränkt ist, leistet die vorgeschriebene gymnastische Arbeit. Dabei handelt es sich jedoch nicht nur um eine körperliche Auswirkung, denn durch die aktiven Spiele werden Qualitäten wie Urteilsvermögen und Genauigkeit, Selbstbeherrschung und die harmonische Zusammenarbeit mit anderen entwickelt. Langsame, unsichere und vage Bewegungen weisen auf einen Mangel an geistiger Schnelligkeit und Kraft hin. Richtig gesteuerte motorische Aktivität führt zu geistiger und körperlicher Ausgeglichenheit. Diese Mädchen leben meist in überfüllten Gegenden der Stadt, wo freie Bewegung unbekannt ist. Ziel der Schule ist es, den Mangel an gesundem Leben im Freien so weit wie möglich auszugleichen und freudige, aktive Bewegung zu ermöglichen. Hygienegespräche sind ein regelmäßiger Bestandteil der Arbeit und zielen darauf ab, (1) jedem Mädchen Wissen über ihren Körper und seine Funktionen zu vermitteln, das es ihr ermöglicht, auf intelligente Weise für ihre Gesundheit zu sorgen; (2) um ihr den Zusammenhang zwischen Nahrung und ihrer Zubereitung und ihrer körperlichen Verfassung zu zeigen; (3) in ihrem Kopf Ideale eines korrekten Lebens zu etablieren, die in ihrer Umgebung in die Praxis umgesetzt werden können; und (4) das Recht und den Wunsch jedes Mädchens nach Unterhaltung anzuerkennen, um eine Liebe für gesunde und einfache Freuden zu schaffen, die die allzu anstrengenden und oft unklugen Freizeitbeschäftigungen ersetzen, die dazu neigen, die Gesundheit des arbeitenden Mädchens zu gefährden.

## Der Speisesaal und die Kochkurse

Seit der Eröffnung der Schule wurden denjenigen, die das von zu Hause mitgebrachte kalte Mittagessen ergänzen wollten, täglich heiße Suppe, heiße Schokolade oder kalte Milch für zwei Cent pro Tasse serviert. Die Lehrer hatten auch Gelegenheit, eine einfache, warme Mahlzeit zu kaufen, die von einem ihrer Lehrer zubereitet wurde, unterstützt von Schülern, die beim Zubereiten, Servieren und Abräumen halfen. Anfangs hatte das durchschnittliche Mädchen das Gefühl, dass sie ihrer handwerklichen Ausbildung nicht viel Zeit widmen konnte, weshalb diese Zeit darauf verwendet werden musste, um über ein existenzsicherndes Einkommen zu verfügen. Die Hoffnung, dass sich in Zukunft die Möglichkeit ergeben würde, verstärkt häusliche Ausbildung anzubieten, wurde jedoch nie vergessen. Die Eröffnung eines provisorischen Arbeitsraums in der Schule für arbeitslose Frauen während der finanziellen Notlage im Jahr 1908 verschaffte ihnen regelmäßige Arbeit und Bezahlung. Es war ratsam, diesen unterernährten Arbeitern auch täglich ein nahrhaftes Mittagessen zu servieren. Im Keller der Schule gab es bereits einen einfachen Speisesaal, der das Nötigste enthielt, wie einfache Tische auf Pferden, lange Holzbänke, einen Gasherd mit vier Flammen, ein paar Kochutensilien und einen Schrank voller billigem Porzellan . Die Gesamtkosten für die Ausrüstung beliefen sich auf 300 US-Dollar.

Allerdings stand die Schule nun vor der Notwendigkeit, täglich mehr als 500 Menschen – Lehrer, Arbeiter und Schüler – zu ernähren, und dennoch konnte kein zusätzliches Geld für die Ausrüstung ausgegeben werden. Die Notwendigkeit war jedoch so groß, dass den hundert Arbeitern im provisorischen Arbeitsraum zusätzlich zu den üblichen Mittagessen täglich eine warme, nahrhafte Mahlzeit verabreicht wurde, für die sie die Hälfte des Materialpreises bezahlten.

Mit dieser Einführung des regulären Kochens schien es besonders wünschenswert, die Gelegenheit zu nutzen, zumindest einige der Schüler in der Auswahl, Pflege und Zubereitung von Speisen zu schulen. Die meisten dieser Mädchen werden die Mütter der nächsten Generation sein, und dennoch wissen sie nichts über den Wert von Nahrungsmitteln oder die Zubereitung von Nahrungsmitteln. Dies zeigt sich an den täglichen Mittagessen, die sie mitbringen, und an ihren Diskussionen in der Klasse zum Thema Hygiene. Auf der anderen Seite müssen sich Mädchen, die nur ein paar Monate in der Schule bleiben können, einem ernsthaften Bedürfnis stellen, sich selbst zu versorgen, denn der Lohn für ungelernte Mädchen (3,00 $) reicht nicht aus, um in Würde leben zu können. Die körperliche, geistige und moralische Zukunft dieser jungen Mädchen erfordert, dass sie in der Lage sein sollten, mehr als diesen Hungerlohn zu verdienen. In den wenigen Monaten, in denen die Mehrheit anwesend ist, können weder eine handwerkliche Ausbildung noch Kochkenntnisse vermittelt werden, daher muss Ersteres Vorrang haben. Die Schule konnte jedoch beweisen, dass Mädchen, die dort ausgebildet werden, im Handel einen fairen Lohn erzielen können, dass ihnen jedoch eine längere Ausbildungzeit bessere Positionen und Gehälter ermöglichen wird. Daher waren immer mehr Menschen bereit, länger zu bleiben und sogar ein Jahr oder mehr für die Vorbereitung aufzuwenden. Gerade für diese letztere Klasse war die Zeit reif, eine Ausbildung in der Kantinenküche anzubieten, die ihnen beibringen konnte, was man zu niedrigen Preisen bekommen und dennoch nahrhaft sein konnte; wie man Essen zu Hause zubereitet und wie man den heißen Tisch nutzt, der oft in einer modernen Fabrik zu finden ist. Zu diesem Zweck wurden einfache Zusatzgeräte installiert und ein Tagesmenü mit preiswerten, attraktiven und bekömmlichen Gerichten zu möglichst geringen Kosten angeboten. Viele der Studenten legen so wenig Wert auf eine abwechslungsreiche Ernährung, dass ihnen nicht alle notwendigen Elemente für den Aufbau eines starken, gesunden Körpers zur Verfügung stehen und sie daher unterernährt sind. Sie brauchen die Ermutigung, die Lebensmittel, die für die Verbesserung ihrer körperlichen Verfassung unerlässlich sind, überhaupt auszuprobieren. Die Mädchen zeigten großes Interesse an der Küche ihrer Kantine. Sie schätzen die preiswerten Menüs und bewundern die schlichte Tischdekoration. Nach und nach haben sie es aufgegeben, ihre paar Pennys für schlechtes Obst, Kuchen oder Süßigkeiten in einem Billigladen auszugeben, und kaufen nun nahrhafte Gerichte, die von den Schülern in der Schule zubereitet werden.

Der Kochkurs schließt direkt an die Vorträge zum Thema Hygiene an. Der Arbeitsplan sieht wie folgt aus: (1) Zwanzig Mädchen werden gleichzeitig ausgewählt. Diese arbeiten in zwei Zehnergruppen und haben sechs Wochen lang täglich einstündigen Unterricht. Dadurch erhalten sie dreißig Unterrichtsstunden, was fast dem entspricht, was die öffentliche Schule in einem Jahr anbietet, aber die Konzentration auf die tägliche Arbeit und den praktischen Einsatz in der Kantine ist von gleicher, wenn nicht sogar größerer Wirksamkeit. (2) Die Schüler decken die Tische, kochen einen bestimmten Teil des Mittagessens, servieren die Speisen, bereiten die Theken vor, verkaufen die verschiedenen Gerichte, führen die Verkäufe durch und melden sie und räumen anschließend die Theken ab. Die Gruppen wechseln sich ab, damit alle das Zubereiten von Speisen, das Beobachten des Fortschritts und das Herausnehmen vom Herd mit minimalem Zeitverlust durch die handwerkliche Unterweisung erledigen können. (3) Die Auswahl der Mädchen für den Kurs erfolgt aus ( *a* ) denjenigen, die lange genug in der Schule bleiben können, um eine handwerkliche Ausbildung mit dem einfachen Kochkurs zu kombinieren, ( *b* ) denjenigen, deren Gesundheitszustand so schlecht ist, dass sie nicht wissen, was zu essen und wie man es kocht, ist die erste Überlegung, und ( *c* ) diejenigen, die bereits kleine Haushälterinnen in ihren Häusern sind, da ihre Mütter arbeitsunfähig oder tot sind.

Nach mehreren Monaten Erfahrung hatte man das Gefühl, dass sich die sechs Wochen ständigen Übens durchaus gelohnt hätten . Aufwändigere Kochkurse würden eine gründlichere Küchenausstattung erfordern, hohe Kosten verursachen und eine längere Schulzeit der Schüler erfordern. Mit dem vorliegenden Arrangement lernen sie ganz praxisnah die wichtigsten Kochvorgänge kennen und besprechen den Zusammenhang des Essens mit sich selbst und ihren Familien.

### Handelsaufträge

Die Handarbeit in den verschiedenen Abteilungen lässt sich in drei Stufen einteilen: 1. Übungsarbeiten, die nicht dem Standard entsprechen, werden zerrissen und wieder verwendet. 2 Sekunden; Faire Arbeit, entspricht nicht ganz dem Schulstandard für handwerkliche Arbeit. Dieses wird zum Selbstkostenpreis an die Studierenden oder an bedürftige Institutionen verkauft. 3. Handelsarbeit; bis zum Standard. Dieser wird zu marktüblichen

Preisen an den Handel oder an Privatkunden verkauft. Dieser Aspekt der Schularbeit, der die Annahme vielfältiger Aufträge von außerhalb der Fabriken und Arbeitsräume mit sich bringt, hat sich als wichtiger pädagogischer Faktor erwiesen. Nach sechs Jahren Erfahrung in der Nutzung von Aufträgen aus den Außenarbeitsräumen kann man sagen, dass dieser Teil des Unterrichts folgenden Zwecken dient: (1) Er vermittelt den Schülern ausreichende Erfahrungen mit Unterrichtsmaterialien, die in den besten Arbeitsräumen verwendet werden; Diese Mädchen konnten solche Materialien nicht kaufen und die Schule konnte es sich nicht leisten, sie zum Üben zu kaufen. (2) Die allgemeinen Geschäftsbedingungen sowohl im Großhandel als auch im Zollhandel werden somit zum wesentlichen Bestandteil der Belehrung gemacht. Eine solche Realität hilft den Vorgesetzten, das Produkt anhand seines Handelswerts zu beurteilen (Laienarbeiten werden daher abgelehnt) und die Lehren aus der Art der hergestellten Arbeiter zu ziehen. Durch die Geschäftsbeziehung verspüren die Studierenden schnell die Notwendigkeit einer guten Abschlussarbeit, einer schnellen Arbeit und der Verantwortung, pünktlich zu liefern. (3) Die Bestellungen führen zu einer Geldrückerstattung und entlasten so die Schule bei den Materialausgaben. (4) Das sachliche Erscheinungsbild der Werkstätten, die an den Aufträgen arbeiten, und die Erfahrung, die der Handel mit dem Produkt gemacht hat, haben das Vertrauen der Arbeitgeber in die Fähigkeit der Schule, praktische Arbeitskräfte für die Berufe auszubilden, gestärkt. Die Schule wird vom Handel ständig dazu gedrängt, ihre Auftragsarbeit zu erhöhen, aber ihre unerschütterliche Politik besteht darin, nur die Menge zu nehmen, die für Bildungszwecke benötigt wird. (5) Die Unternehmensorganisation und -führung, die für die ordnungsgemäße Führung einer großen Auftragsabteilung erforderlich sind, können selbst für Bildungszwecke genutzt werden und haben ihren Wert für die Ausbildung von Studenten, die das Potenzial haben, gute Lagerverwalter zu werden.

In den den verschiedenen Abteilungen angeschlossenen Werkstätten sind Handwerker beschäftigt. Diese Assistenten haben ihren Wert bei der bestmöglichen Ausnutzung der Auftragsarbeit unter Beweis gestellt. Sie sorgen dafür, dass die Arbeit termingerecht erledigt wird und erziehen die Mädchen dazu, sich für ihren Anteil verantwortlich zu fühlen. Da die Schüler zunächst langsam arbeiten und ihre Stunden in den Läden durch andere Studien unterbrochen werden, setzen die Handwerker bei Bedarf die Artikel fort oder vervollständigen sie, während die Mädchen abwesend sind. Sie ermöglichen die berufsmäßige Organisation der Geschäfte, denn jede hat ihre eigenen kleinen Gruppen von Gehilfen um sich und sie unterrichtet sie, während sie gleichzeitig arbeitet. Die ständige Wiederholung desselben Vorgangs ist für einen Schüler mit der Zeit nicht mehr wertvoll, daher darf seine Zeit nicht durch zu einfache Arbeit oder unnötige Details verschwendet werden. Es kommt auch oft vor, dass die Fertigstellung eines

Artikels Expertenarbeit erfordert, die die Studierenden noch nicht leisten können; Die Handwerker wählen für jedes Mädchen den Prozess aus, der für sie von Wert ist, und erledigen dann die Arbeit, die die Schülerinnen nicht erledigen können oder sollten.

Die folgenden Listen zeigen die Art der Aufträge, die vom Handel gefordert und von der Schule umgesetzt wurden:

*Aufträge der Betriebsabteilung* : 1. Handwerksarbeiten: Bandlauf auf Gurtband für Hosenträger, Kinderkleider – acht verschiedene Stile, Kinderschürzen – zwei verschiedene Stile, Hohlsaum und Stickerei für Passen, Rüschen – Saum und Hohlsaum, Schwalbenschwanz.

2. Individuelle Sonderanfertigungen: Umkleidesäcke, Schürzen (Küche, Gingham und Arbeit), Turnanzüge, Taillen, Kinderkleider, Korsettbezüge, Schubladen, Röcke und Hemden, Laken, Kissenbezüge, Vorhänge, Strohhüte, ausgefallene Unterröcke, Kimonos, Taschentücher, ausgefallene Halsbekleidung, Säuglingsoutfits, Jungentaillen, Steppungen, Hohlsaumstiche nach Meterware, Seidentailles und -kleider mit Hohlsaumstichen, Einstecken nach Meterware, Taillen, Kragen, Manschetten und bestickte Stoffe, Initialen auf Leinen und Monogramme auf Schabracken, Rüschen nach Maß Hof.

3. Auftragsarbeiten für andere Abteilungen: Schneiderei: Maschinenarbeiten an Nachthemden, Korsettüberzügen, Schubladen, Kombinationsanzügen, Petticoats, Kimonos, Turnhosen, Badeanzügen, Knopflöchern, Hohlsaum an Seidenröcken, Kleidern, Taillen; Bonnaz-Stickerei auf Kleidern und Taillen. Hutmacherei: Schleier mit Hohlsaum. Kunst: Bleistift- und Pinseletuis. Büro: Mäntel und Overalls für in der Schule beschäftigte Hausmeister.

*Bestellungen der Schneidereiabteilung* : Schürzen, Petticoats, Dienstmädchenkleider; maschinell hergestellte Unterwäsche; Kragen und Halsbekleidung; Uniformen für Krankenschwestern; Schwimm-, Bade- und Turnanzüge; Kinder- und Babykleidung; feine handgefertigte Unterwäsche; schlichte Hemdblusen, feine Taillen, Nachmittagskleider, Straßenanzüge, Abendkleider, Stoffanzüge nach Maß.

*Klebe- und Neuheitsaufträge* : Anbringen von Hosenträgergurten, Anbringen von Korsettmustern, Anbringen von Hosenträgerlaschen und -fassungen, Anfertigen von Etuis. Schreibtischsets, Lampenschirme und Kerzenschirme.

*Aufträge der Kunstabteilung* : 1. Handelsauftragsarbeiten: Stempeln, Perforieren, Färben von Modeplatten, Schablonenschneiden.

2. Maßarbeit: Schablonieren von Vorhängen, Schals, Tischdecken, Sofakissen; Entwerfen von Mustern für Stickereien für Tischdecken,

Deckchen, Taschen, Knöpfe, Hemdbündchen, Röcke, Sonnenschirme und Chiffonschals.

3. Auftragsarbeiten für andere Abteilungen: Dekorieren von Buchumschlägen, Schreibtischgarnituren, Schachteln, Kleiderbesätzen – Bahnen, Revers, Westen; Kragen und Manschetten, Einlagen für Hand und Maschine; Bänder für Hüte, Buchstaben, Monogramme: Entwürfe für Deckchen, Schals, Vorhänge, Arbeitstaschen.



Von Anfang an hat die Schule gewisse Vorkehrungen getroffen, um ihren Schülern eine zufriedenstellende Vermittlung in die Berufe zu ermöglichen, für die sie ausgebildet werden. Ursprünglich kümmerten sich die Abteilungsleiter um diese Methode, jede für ihre eigenen Schüler, aber als die Schule wuchs und die Abteilungsarbeit zunahm, war diese Methode nicht mehr praktikabel. Deshalb wurde mit dem Alliance Employment Bureau eine Vereinbarung getroffen, die Mädchen der Manhattan Trade School zu vermitteln, wenn sie bereit waren, die Schule zu verlassen, oder wann immer sie danach Hilfe beantragten. Dies war zu Beginn der Arbeiten eine äußerst hilfreiche Verbindung, aber es wurde davon ausgegangen, dass, wenn die Schule den Punkt in ihrer Entwicklung erreicht hatte, an dem das Geschäftsvolumen groß genug war und andere Umstände dies rechtfertigten, ein Vermittlungsbüro in der Schule eröffnet werden sollte selbst. Diese seit langem gehegte Idee wurde im Oktober 1908 in die Tat umgesetzt, als ein Vermittlungssekretär eingestellt und das Schulbüro eröffnet wurde. Dieser Plan hat sich bereits als vorteilhaft erwiesen. Erstens kann ein so eingerichtetes Büro durch ständige Verbindung mit den Abteilungen intime und detaillierte Informationen über den Charakter, die Arbeit, die besonderen Fähigkeiten und den Körperbau jedes Mädchens erhalten. Solche Daten sind für sinnvolle Platzierungen äußerst wertvoll, für eine externe Agentur jedoch nur schwer zugänglich. Zweitens führt ein solches Schulbüro, das Absolventen offen steht, dazu, sie gelegentlich dorthin zu bringen, und stärkt so ihr Interesse an und ihre Loyalität gegenüber der Schule, indem es ihrer Verbindung mit ihr eine praktische Realität verleiht.

## Ziele

Die Ziele und Arbeitspläne des Placement Bureau sind folgende: (1) Sicherung geeigneter Stellen für Mädchen, die die Schule verlassen – sowohl für diejenigen, die durch Armut vertrieben wurden, als auch für diejenigen, die ihre Ausbildung tatsächlich abgeschlossen haben. Das Problem besteht darin, den quadratischen Stift in das quadratische Loch zu bekommen, und es wird gelöst, indem man jeden Stift genau kennt und eine möglichst große Auswahl an Löchern kennt, aus denen man wählen kann. (2) Ein Mittel zur Verbindung und Kommunikation zwischen der Schule und den Berufen einerseits und der Schule und ihren ehemaligen Schülern andererseits zu sein. (3) Sammeln von Daten über Handelsbedingungen, die für die verschiedenen Abteilungen oder bei der Entscheidung über Schulrichtlinien hilfreich sein sollen. (4) Aufbau einer Reihe von Aufzeichnungen, die sowohl von allgemeinem soziologischem Wert als auch von unmittelbarem Nutzen für schulische Zwecke sein sollen.

## Arten und Methoden der Arbeit

Im Zusammenhang mit der Vermittlung selbst gibt es vier Tätigkeitsfelder:

1. *Vorstellungsgespräche* im Büro, wenn Mädchen kommen, um sich auf eine Stelle zu bewerben, und wenn Arbeitgeber nach Arbeitskräften fragen. Auf diese Weise wurden viele wertvolle Daten über die Erfahrungen der Mädchen gesammelt, die schon seit einiger Zeit in diesem Beruf tätig sind. Wenn der Arbeitgeber die Schule noch nicht kennt, wird versucht, ihn (oder sie) zum Besuch dieser Schule zu bewegen.

2. *Handelsbesuche* zur Untersuchung. Es ist die Politik des Büros, ein Mädchen erst dann in einer Einrichtung unterzubringen, wenn diese besucht wurde, es sei denn, es handelt sich um eine Einrichtung, die der Schule bereits bekannt ist; in diesem Fall kann der Besuch folgen, anstatt der Unterbringung vorauszugehen. Diese Besuche erfolgen oft auf Wunsch des Arbeitgebers oder als Reaktion auf Stellenausschreibungen, wenn, was manchmal vorkommt, ein Mädchen vermittelt werden möchte und die bereits bekannten Arbeitgeber keine zusätzliche Hilfe benötigen.

3. „ *Nachverfolgung.* " Nachdem die Mädchen platziert wurden, ist es notwendig, den Überblick über sie zu behalten. Um dies zufriedenstellend zu erreichen, wurden Formulare in zwei verschiedenen Formen gedruckt, eines für den Arbeitgeber und eines für den Arbeitnehmer. Ersterer fragt nach der Qualität der Arbeit des Mädchens (ob sie zufriedenstellend ist und wenn nicht, warum nicht) und nach ihrem Lohn. Dieser bittet das Mädchen, über ihre Arbeit, ihren Lohn und die Bedingungen im Laden zu berichten. Durch dieses System ist der Vermittlungssekretär in der Lage, in engem Kontakt mit den vermittelten Studierenden zu bleiben und Beschwerden des Arbeitgebers oder des Mädchens mit einer Schnelligkeit anzuhören und darauf zu reagieren, die häufig dazu führt, dass der Arbeitnehmer in einem „guten" Zustand ist. Ort oder gelegentlich, um sie aus einem armen Ort zu retten. Die Arbeitgeber geben die Berichte fast durchweg schnell und höflich zurück, und alle bis auf einen sehr kleinen Prozentsatz der Studierenden reagieren gleichermaßen. In Fällen, in denen von einem Mädchen nichts gehört wird, besucht die Sekretärin für Studentenhilfe sie persönlich zu Hause.

4. *Führung von Aufzeichnungen.* Es werden Kartenkataloge geführt, die jeweils alle verfügbaren Daten enthalten: (1) für Mädchen, die sich um Stellen bewerben; (2) für platzierte Mädchen; (3) für besuchte Arbeitgeber; (4) für Arbeitgeber, die sich bewerben oder eine Untersuchung wert sind, aber noch nicht besucht wurden. Auf den Karten werden alle Daten von Arbeitgebern und Mädchen erfasst, die den oben genannten Formularen oder aus anderen Quellen entnommen wurden.

Das Placement Bureau erbringt zusätzlich zu seiner spezifischen Arbeit bestimmte Dienstleistungen zum allgemeinen Nutzen der Schule. Es werden Daten über die Arbeits- und Lohnbedingungen in bestimmten Berufen und über die empfehlenswerte Ausbildungsdauer in anderen Berufen erhoben. In der einen oder anderen Abteilung wird häufig Rat aus der Branche benötigt, und durch die Kontakte des Büros zu Arbeitgebern, Managern oder Vorarbeitern und Vorarbeitern ist es in der Lage, deren Expertenmeinung einzuholen und darüber zu berichten. Es ist auch möglich, einige dieser vielbeschäftigten Menschen dazu zu bringen, zu uns zu kommen und das Problem im Lichte der Bedingungen in der Schule und in ihrem eigenen Unternehmen zu betrachten.

## Allgemeine Ergebnisse

Obwohl das Placement Bureau noch in den Kinderschuhen steckt, können bereits einige Ergebnisse verzeichnet werden. Es steht bereits mit rund 700 Arbeitgebern in Kontakt, etwa 550 wurden persönlich besucht. Die folgende Tabelle enthält Fakten zu Praktika in früheren Jahren und kann zum Vergleich interessant sein.

### MÄDCHEN VERMITTELT UND GEMELDET

|  | Durch Selbst oder Schule. | Von Alliance EmploymentBureau. | Gesamt. |
|---|---|---|---|
| 1902 | 0 | 0 | 0 |
| 1903 | 39 | 7 | 46 |
| 1904 | 52 | 36 | 88 |
| 1905 | 29 | 61 | 90 |
| 1906 | 22 | 81 | 103 |
| 1907 | 10 | 77 | 87 |

| 1908 | 119 | 39 | 158 |
|---|---|---|---|
| 1909 Von der Schule | 157 | 1 | 158 |
| | 428 | 302 | 730 |

Damit ist lediglich die Erstvermittlung eines Mädchens gemeint. Die Gesamtzahl der *Neueinstellungen* für 1909 belief sich auf weitere 230, darunter auch die vieler ehemaliger Schüler, die sich zuvor selbst oder vom Alliance Employment Bureau vermittelt hatten.

Die entscheidende Frage der Löhne ist äußerst schwer in aller Kürze zu behandeln. Die beigefügte Tabelle gibt eine sehr allgemeine Aussage über die Spanne der von Absolventen erzielten Löhne und die künftigen Möglichkeiten in ihren Berufen, und wenn man sie im Lichte des unten stehenden Kommentars liest, ist sie so präzise, wie eine „Zusammenfassung" nur sein kann.

| Handel. | Löhne bei Ersteinstellung. | | | | | | Nach zwei bis fünf Jahren. | | | Zukünftige Möglichkeiten. |
|---|---|---|---|---|---|---|---|---|---|---|
| | 1903 | | | 1909 | | | | | | |
| Schneiderei | 3 $ | Zu | 5 $ | 4 $ | Zu | 6 $ | 6 $ | Zu | 13 $ | 25 $ oder eigene Einrichtung |
| Modewaren | 2,50 | Zu | 4 | 4 | | | 5 | Zu | 15 | 12 bis 25 oder eigene Einrichtung |
| Betriebs | 3 | Zu | 6 | 4 | Zu | 11 | 6 | Zu | 25 | 15 bis 40 |
| Neuheit | 4 | Zu | 5 | 4 | Zu | 9 [A] | 6 | Zu | 11 | 18 bis 25 |
| Kunst seit 1907 | 5 | Zu | 8 | 4 | Zu | 7 | 7 | Zu | 15 | 20 bis 30 |

Die Kolumne für 1909 zeigt, dass für alle genannten Berufe, sogar für die Hutmacherei, endlich ein Mindestlohn von 4,00 $ festgelegt wurde. Es gibt Ausnahmen, aber diese sind fast immer auf eine besondere Behinderung des

Mädchens zurückzuführen und haben keinen großen Einfluss auf die Aussage über den Lohn für Mädchen mit normaler Leistungsfähigkeit, die während ihres Studiums zufriedenstellende Arbeit geleistet haben. Der kleine Prozentsatz der Schüler, deren Anfangslohn unter 4,00 US-Dollar fällt, sind diejenigen, die entweder den Schulkurs nicht abgeschlossen haben, schlecht gearbeitet haben, geistig minderwertig oder körperlich behindert sind oder aus diesem Grund nur acht Stunden am Tag arbeiten können sind unter sechzehn. Es stimmt zwar, dass ihr Verdienst für kurze Zeit unter unseren Mindestlohn sinken kann, wenn sie gezwungen werden, Akkordarbeit anstelle eines Wochenlohns zu leisten, aber die ersten ein oder zwei Wochen sind in diesem Fall normalerweise kein fairer Test für das Mädchen Ausbildung oder Fähigkeit. Für die Umstellung, die der Wechsel von der Schule ins Arbeitszimmer mit sich bringt, und vor allem für die Erlangung der nötigen „Geschwindigkeit", um einen gerechten Lohn nach Akkordlohn zu verdienen, ist etwas Zeit nötig. Der ausgleichende Vorteil besteht darin, dass sich die Verbesserung, wenn sie beginnt, „wieder gutzumachen", normalerweise schneller und genauer in ihrem Einkommen niederschlägt, als dies bei der sicheren, aber langsam fortschreitenden „Wochenarbeit" der Fall wäre. Wenn das Mädchen jedoch nach zwei Wochen weniger als 4,00 US-Dollar verdient und denkt, dass sie „niemals da rauskommen" kann, erhält sie die Möglichkeit, ihren Platz zu wechseln. Aber sehr oft kommt es nach etwa zehn Tagen zu einem plötzlichen Verdienstsprung, da das Mädchen an Selbstvertrauen und Schnelligkeit gewinnt. (Eine Schülerin verdiente in der ersten Woche mit Knopflöchern 3,97 $ und in der zweiten über 7,00 $.) Ein weiterer Punkt, der im Zusammenhang mit dem Lohn berücksichtigt werden muss, ist die Länge der Saison und die Dauer eines bestimmten Ortes. Die verhältnismäßig gleichmäßige Arbeit und der regelmäßige, wenn auch kleine Fortschritt beispielsweise in der Schneiderei gleichen häufig den höheren Wochenlohn oder den Akkordlohn der Berufe aus, in denen die Saison kurz ist oder die Positionen von ungewisser Dauer sind.

Zur „Lohnfortschrittsrate" ist das Präsidium noch zu jung, um allgemeine Aussagen zu machen.

### Studentenhilfe

Aufgrund der extremen Armut in den Familien vieler Studenten war immer ein gewisses Hilfssystem notwendig. Die Art und Weise, es zu geben, hat sich jedoch geändert, sodass es frei von jeglicher Tendenz ist, den Empfänger zu verarmen oder ihm die Bemühungen um Selbstachtung zu nehmen. Zunächst handelte es sich um ein Stipendium, das in der Schule jede Woche in gleicher Höhe an jeden Schüler ausgezahlt wurde. Die Erfahrung einiger Monate zeigte jedoch, dass es besser wäre, eine einmonatige Ausbildung ohne Bezahlung zu verlangen. Wenn das Mädchen danach ihren Kurs fortsetzen durfte, erhielt sie im zweiten Monat einen Dollar pro Woche.

Danach wurde der Betrag jeden Monat erhöht, je nach den Fähigkeiten und dem guten Geist, die sich in ihrer Arbeit zeigten. Der Höchstbetrag, den ein Student in einem Jahr erhalten konnte, betrug 100 US-Dollar.

Zu Beginn des zweiten Jahres wurde klar, dass eine noch radikalere Veränderung angebracht war, und es wurde ein Plan verabschiedet, der die Bedürfnisse der Familie des Mädchens zur einzigen Grundlage für die Geldvergabe machte. Es wurde ein Komitee gebildet, dessen Mitglieder sich hauptsächlich aus Arbeitern der führenden Sozialsiedlungen zusammensetzten. Jede Antragstellerin wurde an das Mitglied des Komitees verwiesen, das ihrem Wohnort am nächsten wohnte. Der Siedlungsarbeiter führte eine Untersuchung durch und gewährte Hilfe im Verhältnis zur Notwendigkeit, deren Höhe vom Fahrpreis für ein Auto bis zum Äquivalent eines kleinen Lohns reichte. Das Mädchen ging wöchentlich zur Siedlung, um das Geld zu holen. Auf diese Weise wurde die Hilfe so weit wie möglich von der Schulatmosphäre entkoppelt und den Mädchen und ihren Familien klar gemacht, dass es sich bei dem Geld keineswegs um Arbeitslohn handelte. Als Zeichen dieser veränderten Sichtweise wurde der Begriff „Stipendium" durch den Begriff „Studentenbeihilfe" ersetzt. Zusätzlich zu den anderen Vorteilen reduzierte die neue Methode die Kosten für die Hilfe auf weniger als die Hälfte ihres ursprünglichen Anteils.

Seitdem ist das Ziel immer dasselbe: dem durch Armut behinderten Mädchen zu helfen, damit es sich auf einen effizienten Lohnverdienst vorbereiten kann. Eine Mitarbeiterin der Schule ist Sekretärin des Ausschusses für Studentenhilfe. Sie kennt jeden Antragsteller, der Hilfe wünscht, persönlich und führt die ersten Besuche und Nachforschungen durch. Dieser Plan hat sich als vorteilhaft erwiesen, da er eine engere Verbindung zwischen der Schule und dem Heim herstellte und einen einheitlicheren Standard der Unterstützung sicherstellte.

Das Studentenhilfekomitee besteht derzeit aus Vertretern von sechzehn Siedlungen, die zweimal im Monat zusammenkommen, um die Verdienste jedes Bewerbers zu besprechen und darüber zu entscheiden. Wird die Hilfe gewährt, wird das Mädchen der Siedlung zugeteilt, die ihrem Wohnort am nächsten liegt, und geht wöchentlich dorthin, um ihr Geld zu holen. Ein Umschlag mit dem Betrag, den das Mädchen schuldet, wird von der Schule an den Abrechnungsmitarbeiter geschickt, auf dem etwaige Abwesenheit oder Verspätung vermerkt ist. Zu den Pflichten des Ausschussmitglieds gehört es, die Gründe für etwaige Unregelmäßigkeiten bei der Anwesenheit zu erfragen und gegebenenfalls den Eltern Bericht zu erstatten. Darüber hinaus leistet jede Siedlungsarbeiterin wertvolle Dienste, indem sie die Mädchen und Familien in ihrer Gruppe freundlich beaufsichtigt, sich so viel um ihr Wohlergehen kümmert, wie es die Zeit erlaubt, und indem sie ungewöhnliche Bedingungen dem Sekretär für Studentenhilfe meldet.

Gelegentlich werden Schüler mit der Bitte um Unterstützung von einer Wohltätigkeitseinrichtung, einer Kirche, einem Krankenhaus, einer Schule oder einer Siedlung, die die Familie kennt und an ihr interessiert ist, zum Unterricht in die Schule geschickt; Aber im Allgemeinen kommt ein Mädchen, das finanzielle Hilfe benötigt, ohne solche Empfehlungen aus, und daher ist eine gründlichere Untersuchung des Falles erforderlich. Es wird immer zunächst bei der Charity Organization Society nachgefragt, ob ihre Familie andere Hilfe erhalten hat oder erhält. Der „Probemonat" ohne Hilfe gibt Zeit, Fakten über die Familie zu sammeln und die Fähigkeiten und den Charakter des Mädchens auf die Probe zu stellen. Einem Mädchen wird vor der Aufnahme nie Hilfe zugesagt.

Es wurde eine nützliche Methode ausgearbeitet, um die Höhe der Beihilfe zu bestimmen, die in einem Einzelfall gewährt werden kann. Es wird der Gesamtbetrag des Familieneinkommens ermittelt und davon die Fixkosten für Miete, Versicherung und Fahrkosten abgezogen. Aus dem Rest wird das Pro-Kopf-Einkommen ermittelt, das alle anderen Ausgaben decken muss, also den Anteil jeder Person an Nahrung, Kleidung, Licht, Treibstoff, Medikamenten und allen Nebenkosten. Es wurde geschätzt, dass eine Familie mit einem Pro-Kopf-Einkommen von weniger als 1,50 Dollar pro Woche keinen angemessenen Lebensstandard aufrechterhalten könnte. Obwohl jeder Fall individuell geprüft wird, wird die Hilfe fast immer dann gewährt, wenn das Pro-Kopf-Einkommen weniger als 1,50 US-Dollar beträgt; in besonderen Fällen wird es gewährt, wenn das Einkommen diesen Betrag übersteigt. Die folgende Tabelle zeigt das Einkommen der 78 Familien, die am 3. Juni 1909 von der Schule unterstützt wurden.

| Wöchentliches Pro-Kopf-Einkommen. | | | Anzahl der Familien. |
|---|---|---|---|
| .00 $ | Zu | 0,49 $ | 16 |
| .50 | Zu | .99 | 26 |
| 1,00 | Zu | 1,49 | 20 |
| 1,50 | Zu | 1,99 | 10 |
| 2,00 | Zu | 2,49 | 3 |
| 2,50 | Zu | 2,99 | 1 |
| 3,00 | Zu | 3.49 | 2 |

Zuwendungen gemeinnütziger Einrichtungen sind in diesen Einnahmen nicht enthalten.

Jedem Mädchen, das Hilfe erhält, wird der Grund für die Gewährung der Hilfe so mitgeteilt, dass sie es weder als verdientes Geld ansieht noch sich als Empfängerin von Almosen gedemütigt fühlt, sondern versteht, dass es für sie eine Chance auf eine gute Ausbildung bedeuten sollte . Es obliegt ihr daher, sich dessen Wert bewusst zu sein, indem sie eine verantwortungsbewusste und ernsthafte Arbeiterin wird. Von Studierenden, die eine solche Unterstützung erhalten, wird erwartet, dass sie regelmäßig teilnehmen, es sei denn, es liegen triftige Gründe vor, und die Berichte ihrer Abteilungen müssen hinsichtlich ihrer Arbeit, Einstellung und Anstrengung zufriedenstellend sein. Wenn ein Mädchen von diesem Standard abweicht und nach Rücksprache mit ihr oder einem ihrer Eltern keine Besserung eintritt, kann die Beihilfe ausgesetzt oder entzogen werden. Sich verbessernde Umstände in der Familie machen es gelegentlich möglich, die Hilfe zu kürzen oder sogar ganz aufzugeben. Andererseits wird es häufig als notwendig erachtet, bei sehr großer Not zusätzliche Hilfe von speziellen philanthropischen Quellen anzufordern.

## Nachtkurse

Zu den Zielen der Schule gehört auch der Nachtfortbildungsunterricht. Sie haben Schulungen in den Fachbereichen Betrieb, Schneiderei, Neuheiten, Hutmacherei und Kunst angeboten. Die Kurse waren gut besucht, die Arbeit erfolgreich und es sind weiterhin Anträge auf Erneuerung des Unterrichts eingegangen. Dieser Bildungsgang erfordert die qualifiziertesten Lehrer und ist daher teuer. Mangelndes Geld, um sowohl den Tag- als auch den Nachtunterricht angemessen durchführen zu können, machte es notwendig, die Nachtkurse vorübergehend zu schließen. Es besteht jedoch allen Grund zu der Hoffnung, dass sie in naher Zukunft wiedereröffnet werden, mit noch besseren Einrichtungen für den Unterricht in den fortgeschrittenen Teilen des Handwerks.

## Studentische Leitung

Der Schülerrat kümmert sich um die Leitung der Schule, mit dem Ziel, diese so weit wie möglich in die Hände der Schüler zu legen. Es hilft auch dabei, ihr Verantwortungsbewusstsein zu entwickeln. Der Rat besteht aus gewählten Vertretern jeder Klasse, die aufgrund ihrer Führungsqualitäten und ihres guten Charakters ausgewählt wurden. Sie treffen sich einmal pro Woche mit einem der Betreuer, um Fragen der allgemeinen Schuldisziplin und -ordnung zu besprechen. Jedes Mitglied ist dafür verantwortlich, die Ordnung in seiner Klasse aufrechtzuerhalten, wenn diese nicht unter anderer Aufsicht steht, Streitigkeiten zwischen den Mädchen beizulegen und Verstöße gegen die Schulgesetze zu melden.

## Graduierten- und Abteilungsclubs

Seit dem Ende des ersten Schuljahres besteht eine Art Alumnæ- Verein. Diese wichtige Phase der Arbeit der Berufsschule ist nun gründlich organisiert und bringt uns die herzliche Zusammenarbeit derjenigen ein, die von der Ausbildung profitiert haben. Der Graduiertenvereinigung gehören diejenigen an, die das Zertifikat der Schule erhalten haben; Die Abteilungsclubs sind jedoch demokratischer und nehmen jedes Mädchen auf, das anwesend war. Diese Vereine arbeiten zum Wohle der Schule zusammen. Sie veranstalten häufig geschäftliche und gesellschaftliche Treffen. Sie planen konkrete Wege, um mit Mädchen der Manhattan Trade School in Kontakt zu treten, die gerade erst in den Handel einsteigen, um ihnen zu helfen, sich an ihre Arbeit anzupassen und ihre Loyalität und Verantwortung gegenüber der Schule zu stärken; um sich selbst und berufstätige Mädchen im Allgemeinen zu verbessern, indem sie Themen besprechen , die für ihre Berufe von Interesse sind , und indem sie Unterhaltungsangebote anbieten, die von echtem Interesse und Wert sind. Sie haben Pläne zur Aufstockung der allgemeinen Finanzen der Schule oder zur Beschaffung von Geldern für besondere Objekte, beispielsweise Duschbäder für die Turnhalle, durchgeführt. Sie haben mehrere Abendessen gegeben, um die Fakultät und ehemalige Studenten zusammenzubringen, um informell Handels- und Schulangelegenheiten zu besprechen.

## FUSSNOTEN:

[A] Dieses Maximum gilt nicht für Kleister- oder Leimarbeiten, sondern für den Handel mit Seidenlampenschirmen.

# TEIL II
# REPRÄSENTATIVE PROBLEME [B]

DIE Organisation einer Berufsschule für Mädchen an einem bestimmten Ort erfordert die Bewältigung vieler ernster Probleme. Einige davon tauchen sofort auf und müssen berücksichtigt werden, bevor ein zufriedenstellender Lehrplan entwickelt werden kann, aber die meisten von ihnen sind wasserköpfig, und kaum ist eine Phase abgeschlossen, beginnt die nächste. Ihnen muss bei jeder Gelegenheit Beachtung geschenkt werden, wenn bei der Lösung der Frage einer möglichst umfassenden und dennoch praktischen Ausbildung für das Mädchen, das ihren Lebensunterhalt im Handel verdienen muss, Fortschritte erzielt werden sollen. Diese Probleme sind einerseits so stark mit den dringendsten und zugleich dunkelsten sozialen und industriellen Fragen der Zeit und andererseits mit der Zukunft der Rasse verbunden, dass sie oft sehr rätselhaft sind. Einige davon können nie vollständig gelöst werden, können jedoch vorübergehend an die unmittelbaren Bedürfnisse angepasst werden. Stellvertretend werden ausgewählt:

## Direkte Handelsschulung

In den Vereinigten Staaten wurden viele Schulen häuslicher oder technischer Natur eröffnet, der Unterricht erfolgt jedoch eher zu Hause oder zu Bildungszwecken als zu geschäftlichen Zwecken. Die Berufe sind, wenn sie überhaupt in diesen Schulen vertreten sind, allgemeiner Natur und decken oft viele Zweige einer Branche in einer kurzen Unterrichtsreihe ab und verfügen nicht über die besonderen Unterteilungen und Spezialausrüstungen, die derzeit auf dem regulären Markt zu finden sind . Die Arbeitgeber waren vom praktischen Nutzen der Absolventen in ihren Arbeitsräumen nicht positiv beeindruckt. Da der einzige Grund für die Existenz der Manhattan Trade School darin besteht, diesen Anforderungen der Arbeitgeber gerecht zu werden und damit eine bessere Klasse von Lohnempfängern zu entwickeln, die direkt an die Bedürfnisse des Handels angepasst sind, muss der Unterricht mit den Methoden in den Werkstätten und Fabriken übereinstimmen von New York City. Eine solche spezifische Berufsausbildung für vierzehnjährige Mädchen war neu und daher musste man sich in Amerika zum ersten Mal mit dem Problem der Organisation auseinandersetzen. Eine sorgfältige Untersuchung der Arbeitsräume und der industriellen Bedingungen in New York City war unerlässlich, bevor die Ziele oder der Lehrplan festgelegt und die Schule für den Unterricht geöffnet werden konnte. Darüber hinaus darf das Studium der Berufsbedingungen nicht aufhören, wenn die Ausbildung auf dem neuesten Stand gehalten werden soll, und Neuanpassungen des Lehrplans müssen den

Veränderungen in den Außenarbeitsräumen Rechnung tragen. Folglich müssen diese Probleme wiederholt angegangen werden.

## Bedarf an Vorschulung

Als man mit dem Handwerksunterricht an der Schule begann , wurde sofort ein Problem entdeckt, das die Wahrheit der Behauptung des Handwerks deutlich machte, dass junge Arbeiter völlig inkompetent seien. Den Schülern, die an die Schule kamen, war es gesetzlich erlaubt, in den Handel einzusteigen, da sie alle Voraussetzungen für den Erhalt ihrer Arbeitspapiere erfüllt hatten, es wurde jedoch festgestellt, dass sie nicht über ausreichende Grundlagen verfügten, um ohne eine vorherige Ausbildung die ersten einfachen Schritte an der Schule zu beginnen. Die Mängel, die besonders offensichtlich waren, waren: (1) Mangel an ausreichender Geschicklichkeit mit der Hand; (2) Unfähigkeit, ihre akademische Arbeit an öffentlichen Schulen für praktische Handelsprobleme zu nutzen ; (3) Dumpfheit beim Annehmen von Befehlen und beim klaren Denken über die auftretenden Bedürfnisse; (4) Fehlen von Idealen; und (5) Bedarf an Kenntnissen über die Gesundheitsgesetze und deren Anwendung. Daher musste in all diesen Fächern ein vorbereitender Grundunterricht organisiert und den eintretenden Studenten erteilt werden, bevor sie mit ihrer eigentlichen beruflichen Tätigkeit beginnen konnten. Ein solcher Unterricht ist und bleibt notwendig, es sei denn, die öffentliche Grundschule sorgt dafür, dass zwischen der fünften und achten Klasse denjenigen, die ihren Lebensunterhalt verdienen müssen, eine zufriedenstellendere Vorbereitung geboten wird. Die Manhattan Trade School war verpflichtet, allein für den Grundschulunterricht zwei bis acht Monate aufzuwenden. Die Art der erforderlichen Arbeit variiert ständig mit dem Zustand der Schüler. Jeder braucht etwas davon, aber viele müssen monatelang Nachhilfeunterricht nehmen. Der öffentliche Unterricht könnte die praktische akademische Arbeit, die die Schule organisiert hat, problemlos vermitteln. Ein solcher Unterricht würde nicht nur den Schülern, die früher zur Arbeit gehen müssen, direkt helfen, sondern auch eine gute Grundlage für die Berufsausbildung legen, die für die ersten Jahre der öffentlichen Sekundarschulen geplant ist.

## Berufsausbildung

Mit der Weiterentwicklung der Kurse an der Manhattan Trade School zeichnete sich eine Zwischenphase zwischen der Vorbereitungsarbeit und der direkten handwerklichen Ausbildung ab. Dieser Mittelweg ist an vielen Handelsprozessen beteiligt und bildet eine gute Grundlage für die Arbeit in der Werkstatt. Es nutzt die frühe Bildung, gibt ihr einen Sinn, weckt in der Schülerin die Begeisterung für den von ihr gewählten Beruf und zeigt ihr, dass es sich lohnt, hart zu arbeiten, wenn sie Erfolg hat. Die Dauer beträgt vier bis acht Monate, abhängig von der Fähigkeit des Studierenden, die Anforderungen zu erfüllen. Auch der öffentliche Unterricht könnte dieses Mittelfeld zum Vorteil für diejenigen weiterentwickeln, die nicht in das reguläre Gymnasium einsteigen möchten, sondern gerne eine weiterführende praktische Ausbildung in Anspruch nehmen würden. Berufsbildungsberufe für Frauen wie Kochen, Nähen, Bekleidungs- und Schneiderei, Hutmacherei, Wäschereiarbeiten, häusliche Krankenpflege, Haushaltsverwaltung, Kinderbetreuung, Neuheitenarbeiten, Elektrizitätsbetrieb, Verkaufen und andere interessante Tätigkeiten können durchaus angeboten werden. Wenn die Studentin in ihrem gewählten Fachgebiet Pläne macht, über Ausgaben nachdenkt und es schafft, ihr Material zu nutzen, gewinnt sie Geschicklichkeit, Anpassungsfähigkeit, Urteilsvermögen und die wahre Grundlage für Kritik. Die Arbeit in der Welt interessiert sie, da ihre Bedeutung durch ihre eigenen Erfahrungen klar wird und sie beginnt, Möglichkeiten zu erkennen, wie sie ihren Zustand verbessern und zur Verbesserung ihres Zuhauses beitragen kann. Sie schätzt den Wert ihrer frühen Bildung und findet es lohnenswert, klar zu denken und klug zu handeln; Sie hört auf Anweisungen, fragt nach vernünftigen Anweisungen und geht ohne Zeitverschwendung an die Arbeit. Die soeben beschriebene Grund- und Mittelschulung, die die Schule als Vorbereitung auf den eigentlichen Berufsunterricht absolvieren musste, hat sich als Einstieg als vorteilhaft erwiesen, denn die Schülerin kann sich nun schnell an die Arbeit in den Schulwerkstätten gewöhnen, da sie über die Grundlagen verfügt Eigenschaften, die erforderlich sind, um den besten Arbeiter zu machen. Sie muss zwar mit der einfachsten Handwerksarbeit beginnen, kann sich aber so schnell weiterentwickeln, wie sie ihr Können unter Beweis stellt. Sie wurde von ihren Ausbildern sorgfältig beobachtet und entwickelte nach und nach die Richtung, die am besten zu ihr passte.

## Handelsgeschäfte

Das Anbieten von Kursen in vielen Bereichen des Handwerks, genau wie sie in einer Stadt wie New York angeboten werden, ist, wie bereits erwähnt, mit vielen wiederkehrenden Schwierigkeiten verbunden. Zu berücksichtigende Faktoren sind die ständige und schnelle Anpassung an die Mode, die Einführung neuer mechanischer Geräte und die Arbeitssituation. Das Management muss jederzeit bereit sein, die Arbeit entsprechend den Anforderungen eines unbeständigen Marktes zu ändern, zu erhöhen oder einzustellen. Es scheint daher, dass die Probleme der Schulfachgeschäfte derzeit von zu ernstem und ungeklärtem Charakter sind, als dass sie durch den öffentlichen Unterricht, wie er derzeit organisiert ist, angemessen gelöst werden könnten, denn (1) es wäre schwierig, die Masse der Steuerzahler davon zu überzeugen zusätzliche Steuersätze sind ratsam für den Beginn einer sich ständig verändernden Form der Ausbildung, die sich noch nicht für alle Arbeitgeber oder alle Lohnempfänger bewährt hat und die mehr oder weniger teuer sein muss; (2) Der übliche Vertreter des öffentlichen Schulkomitees weiß wenig über die Handelsbedingungen und wäre wahrscheinlich abgeneigt, einer Schule die Freiheit zu geben, ihren Studiengang und sogar die Berufe, die sie unterrichtet, nach Belieben zu ändern; Müsste die Berufsschule jedoch andererseits auf die Entscheidung des Vorstands warten, bevor sie ihre Pläne ändert, würde dies den Wert ihres Unterrichts beeinträchtigen, der flexibel sein muss, wenn er seine Schüler direkt für den Markt ausbilden möchte; (3) die Unmöglichkeit, seine Lehrer über die übliche „Warteliste" zu finden, und die Schwierigkeiten bei der Auswahl eines zufriedenstellenden Lehrerteams.

Die Möglichkeiten, hochspezialisierte, qualifizierte Arbeit anzubieten, sind groß, aber die Armut der Schüler schränkt ihre Zeit in der Tagesschule ein. Um allen berufstätigen Mädchen zu helfen, die weiterkommen möchten, werden von Zeit zu Zeit Abendkurse organisiert, und tagsüber wird auch vorübergehender Unterricht für alle angeboten, die in ihrem Beruf wenig Zeit haben. Da die Schule in Fachwerkstätten mit der gleichen Spezialisierung wie auf dem Markt organisiert ist, kann ein Schüler von fast jedem Ort aus eintreten oder dort untergebracht werden. Dies erhöht den Nutzen, erschwert jedoch die Verwaltung.

### Gewinnung und Ausbildung von Lehrern

Da der kaufmännische Unterricht neu im Bildungswesen ist, haben die normalen Schulen noch nicht damit begonnen, Lehrer regelmäßig für diese Positionen auszubilden, und sind auch noch nicht darauf vorbereitet. Der Veranstalter einer Berufsschule steht daher vor großen Schwierigkeiten, Ausbilder zu finden, die für die ihm gestellte Aufgabe geeignet sind.

Folgende Berufslehrkräfte werden benötigt: Betreuer/-innen der einzelnen Gewerke; Vorfrauen leiten die Schulläden; Berufsausbilder, die den verschiedenen Studierendengruppen die Fachverfahren beibringen; Hilfskräfte zur Erledigung kleinerer Angelegenheiten in den Arbeitsräumen; Kunstlehrer, die Erfahrung im Entwerfen für die verschiedenen vertretenen Berufe haben; Akademische Dozenten, die die Arbeitswelt praktisch kennen und den Studierenden eine Ausbildung bieten können, die ihnen zwar in ihrem Beruf hilft, ihr Wissen und ihre Sympathie für die Arbeit der Welt erweitert. Alle diese Lehrer müssen nicht nur Erfahrung im Handel haben, sondern auch ständig mit den Methoden des externen Marktes in Kontakt bleiben. Erfolglose Handwerker, die oft unterrichten möchten, oder Lehrer, die nichts über die Bedürfnisse von Handwerksbetrieben wissen, können ihre Schüler nicht angemessen auf bestimmte Berufe im Handwerk vorbereiten. Der Handel weiß, was er will, ist ein scharfer Kritiker und ein schonungsloser Richter. Die Berufsschule kann es sich daher nicht leisten, sich auf Ausbilder zu verlassen, die selbst auf dem Markt keinen Erfolg haben würden, denn die Folge wäre ein sicheres Scheitern der Schüler. Eine solche spezifische Ausbildung erfordert außergewöhnliche Kenntnisse der Lehrkräfte. Der gewöhnliche Lehrer für handwerkliche Ausbildung kennt sich zu wenig mit den Arbeitsabläufen in den Arbeitsräumen aus und ist in seinem Unterricht zu theoretisch, als dass man ihm die Ausbildung von Arbeitern anvertrauen könnte, die den Anforderungen des Handwerks genügen müssen. Andererseits weiß die Handwerkerin, so gut sie auch in ihrem Fachgebiet sein mag, selten, wie man unterrichtet. Sie kann ihre Gruppe von Arbeitern antreiben, aber sie kann den grünen Händen nicht beibringen, mehr zu tun, als schnell an einer Sache zu arbeiten. Sie kann sie zum Arbeiten bringen, aber sie kann sie nicht zu besseren Arbeitern machen. Wenn sie Aufträge hat, denkt sie aufgrund ihrer lebenslangen Ausbildung eher an die schnelle Fertigstellung der Artikel als an die sorgfältige Entwicklung der Studenten, die sie anfertigen. Wenn sie nicht beobachtet wird, wählt sie für die Arbeit das Mädchen aus, das es gut und schnell erledigen kann (aber diese Erfahrung nicht braucht), und nicht dasjenige, das es tun sollte, um Übung darin zu haben.

Das Problem besteht darin, einen Weg zu finden, den guten Lehrer und den erfolgreichen Arbeiter zu vereinen. Eine solche Kombination tritt in seltenen Abständen auf. Heutzutage muss die Lehrkraft, die junge Arbeitnehmer angemessen auf das Handwerk vorbereiten kann, während ihrer eigenen Lehrtätigkeit unterrichtet werden. Sie kann entweder aus dem industriellen oder dem pädagogischen Bereich ausgewählt werden, wenn sie über bestimmte geistige und seelische Qualitäten verfügt, aber sie muss jetzt die Punkte ausgleichen, die ihr fehlen, sei es Erfahrung im Handel oder die Fähigkeit zu unterrichten. Vorgesetzte benötigen besondere Einsichten und Fähigkeiten, da sie aufgefordert sind, ein neues und schwieriges Gebiet zu untersuchen, daraus die benötigten Themen auszuwählen und anschließend eine möglichst praxisnahe Ausbildung zu organisieren. Sie vereinen die Aufgaben eines Schulleiters, eines Lehrers, einer Vorarbeiterin, eines Betriebsleiters und eines Geschäftsführers. Sie müssen bereit sein, sich für die Sache einzusetzen, da sie das ganze Jahr über für die Führung ihrer Abteilungen verantwortlich sind, sowohl nachts als auch tagsüber, zumindest bis sie jemanden ausbilden können, dem sie einige ihrer Aufgaben übertragen können Verantwortung. Sie benötigen eine breite, kulturelle Bildung und gleichzeitig Interesse und Wissen für die industriellen Probleme der Zeit sowie Erfahrung in ihrem jeweiligen Gewerbe. Sie müssen Verständnis für die Werktätigen und ihr Leben haben. Es ist offensichtlich, dass solche Frauen schwer zu finden sind, und wenn sie gefunden oder ausgebildet werden, sind sie in anderen Institutionen oder im Geschäftsleben gefragt, wo sie hohe Gehälter erzielen können. Alle leistungsfähigen Berufslehrer sind auch in den Arbeitsräumen gleichermaßen gefragt, daher muss die Schule mit guten Unternehmensgehältern konkurrieren, anstatt mit den üblichen Unterbezügen von Bildungseinrichtungen.

Neben den Berufslehrern sind in der modernen Berufsschule für Mädchen auch praktische Ausbilder für gesundes Leben und spezielle Sekretärinnen, die soziale Kenntnisse verschiedener Art benötigen, unverzichtbar. Ihre Ausbildung erweitert die Verantwortung des Direktors, da derzeit niemand über die erforderlichen Kenntnisse und Erfahrungen verfügt.

Für die vielen Probleme, die mit der Beschaffung eines ausreichenden Lehrpersonals verbunden sind, scheint es derzeit nur eine Lösung zu geben, *nämlich* . *e.* , muss die Schule mehr oder weniger eine eigene Ausbildungsschule für ihre Fakultät sein. Eine Quelle für Hilfslehrer wurde in Schülern gefunden, die im Handel erfolgreich waren. Schüler mit fairer Ausbildung, die in ihrer Abteilungsarbeit Geschick und Führungsqualitäten unter Beweis stellen und später in ihren Handelspositionen Erfolg haben, haben sich bei ihrer Rückkehr an die Schule bereits als hilfreich erwiesen. Solche Mädchen kennen den Unterricht, ihre Bedürfnisse und Schwierigkeiten sowie die Anforderungen im Außendienst. Wenn ihnen einige Hinweise zu Lehrmethoden gegeben werden, ist ihr Erfolg größer. Europäische Berufsschulen für Mädchen haben viele der besten Lehrerinnen aus der Schülerschaft rekrutiert und für sie Lehrerausbildungskurse organisiert. Um dieser Situation gerecht zu werden, sollte später an amerikanischen Ausbildungsschulen eine regelmäßige Ausbildung von Berufsschülerlehrern angeboten werden.

## Studiengänge

Da bevorstehende Marktveränderungen rechtzeitig erkannt und in den Lehrplan aufgenommen werden müssen, damit die Studierenden bei der Aufnahme auf die neue Tätigkeit vorbereitet sind, können vorgegebene Studiengänge nicht eingehalten werden, ohne den Praxiswert der Lehre zu gefährden. Darüber hinaus müssen die Schüler gefördert werden, wenn sie ihre Fähigkeiten zeigen, und ihre unterschiedlichen Eigenschaften sollten berücksichtigt werden; Daher muss die Arbeit ausreichend flexibel und anpassungsfähig sein, um eine Ausbildung zu verbessern und eine andere zu verringern, um die besten Fähigkeiten eines Mädchens zu entwickeln. Es sind nicht nur die handwerklichen Kurse, die an den Bedarf angepasst werden müssen, sondern auch die handwerkliche, künstlerische, berufswissenschaftliche und körperliche Bildung müssen sich ändern und benötigtes Material so schnell einführen, wie der Markt neue Pläne für die Arbeitsräume erfassen würde . Es reicht auch nicht aus, dass sich der Lehrplan lediglich an die Ausbildung von Mädchen für Handelspositionen anpasst. Es darf nie vergessen werden, dass diese Studenten zu Arbeitern und Bürgern höherer Ränge herangezogen werden sollen und dass die meisten von ihnen heiraten werden. Im Allgemeinen lässt sich sagen, dass der Eintritt der Frau in die Industrie mehr oder weniger vorübergehend ist, da er der Ehe vorausgehen oder folgen kann und in der Regel nicht kontinuierlich ist. Eine gute Staatsbürgerschaft sollte für diese jungen Lohnempfänger ein besseres Zuhause sowie umfassendere Sichtweisen auf das Industrieleben bedeuten. Das Einbringen der wichtigen Faktoren für die Ausbildung eines besseren Haushälters in eine ohnehin schon zu kurze Ausbildung erfordert zusätzlich zum Studium der industriellen Situation auch ein Studium der Ethik und Ökonomie des häuslichen und gesellschaftlichen Lebens und stellt die Fakultät vor ständige Probleme.

## Untersuchungen

Um mit den praktischen Bedürfnissen und Veränderungen des Marktes in Kontakt zu bleiben, wurden und werden von der Fakultät der Schule kontinuierlich spezielle Untersuchungen zum Handel durchgeführt. Sie bemühen sich auch darum, in engem Kontakt mit den industriellen und sozialen Organisationen der Arbeiter in Siedlungen, Vereinen, Gesellschaften und Gewerkschaften zu bleiben, damit alle Lebensphasen, Freuden, Ziele und Bedürfnisse des Lohnempfängers gewürdigt werden können. Die anwesenden Schüler werden untersucht, um ihren Gesundheitszustand, ihre Neigungen, ihre Bedürfnisse und ihre Verbesserung zu kennen. Nach ihrem Berufseinstieg bleiben sie über das Placement Bureau, Clubs, Graduiertenvereinigungen und auch durch Besuche des Schulermittlers mit der Schule in Kontakt, um die Auswirkungen ihrer Ausbildung auf ihren Selbstunterhalt, ihre Arbeitsräume, und ihre Häuser. Gruppen trainierter und untrainierter Mädchen werden verglichen, um Unterschiede und Vorteile festzustellen und die wahre Situation klar zu verstehen.

Um das Wesentliche dieser Bildungsklasse möglichst umfassend zu erfassen, führte der Direktor der Schule eine sechsmonatige Untersuchung der Berufsschulen für Mädchen auf dem europäischen Kontinent durch. Diese Studie wurde durchgeführt, nachdem die Manhattan Trade School gegründet worden war und erfolgreich lief. Die Probleme waren damals gut im Griff und es konnte aus unterschiedlichen Standpunkten ein Vorteil gezogen werden. In einigen europäischen Ländern ist ein solcher praktischer Unterricht bereits seit einem halben Jahrhundert etabliert. Jedes Land hat die Arbeit nach seiner eigenen Sicht auf die Stellung der Frau im industriellen und häuslichen Leben organisiert. Daher können viele Aspekte des Problems untersucht und verschiedene Lehrgänge herangezogen werden. Diese Untersuchung deckte drei interessante Bereiche ab. Erstens die Organisation der Schulen, einschließlich der Ausstattung; die Lehrer und ihre Ausbildung; das Budget; die Auftragsarbeit; das Verhältnis der Schule zu Arbeitgebern; die Platzierung der Mädchen in Positionen; die Löhne; die Regelungen zur finanziellen Unterstützung und die Arbeit der Alumnae- Vereinigungen. Zweitens die Lehrberufe und Lehrgänge; die allgemeine Ausbildung, die bei der Aufnahme erforderlich ist und die als integraler Bestandteil des Handels vermittelt wird; die handwerklichen Kunstkurse; die Hauswirtschaft und Ausbildung der Bediensteten; die Entwicklung von Ideen für ein besseres Leben und die Schulung zur Verantwortung im Privat- und Berufsleben. Drittens der Besuch von Arbeitsräumen, in denen Frauen beschäftigt sind; die Einholung von Informationen über die Wirkung von Berufsschulen; der Nutzen und die Fähigkeit der Schüler, sich weiterzuentwickeln, und eine Übersicht über die Handwerke, die in den Häusern der Menschen ausgeübt werden.

### Verwaltung von Handelsaufträgen

Eine Berufsschule muss ihre handwerkliche Arbeit nach der Mode der Zeit und mit den richtigen Materialien verrichten, doch die Schüler sind zu arm, um selbstständig zu arbeiten. Ein Schulhaushalt kann nicht so große Mengen wertvoller Materialien bereitstellen, es sei denn, er kann dafür eine Gegenleistung erzielen. Der Schulladen in jeder Abteilung, in dem sowohl private als auch kundenspezifische Bestellungen entgegengenommen werden, hat sich als vorteilhaft erwiesen, bringt jedoch große Verwaltungsprobleme mit sich: (1) die tatsächlichen Geschäftsmethoden und die Verwaltung im Zusammenhang mit Rechnungen, Verkäufen und Warenlieferungen; (2) die Beschaffung der benötigten Bestellungen und der gewünschten Menge; (3) die Annahme kundenspezifischer Bestellungen, die Anpassung an den Kunden und die pünktliche Lieferung der Bestellungen; (4) eine zufriedenstellende Aufteilung der Auftragsarbeit, so dass die Studierenden davon profitieren können und nicht erwartet wird, dass sie sie fortsetzen, nachdem sie über ausreichende Erfahrung in einer Art verfügen oder wenn sie noch nicht in der Lage sind, die damit verbundene aufwändige Arbeit zu erledigen; (5) die Suche nach Mitarbeitern, die das tun, was die Studenten nicht tun können oder sollten; (6) die Kosten, die mit der Beschäftigung von Arbeitnehmern zu Handelspreisen und für kürzere Arbeitszeiten verbunden sind; (7) die Kosten der Artikel und andere Einzelheiten, die mit dem Eintritt in den Wettbewerb mit dem Handel verbunden sind. Es kann festgestellt werden, dass keine Handelsschule den Markt unterbieten sollte, sondern die vollen Preise verlangen und mit gleichwertigen Renditen rechnen sollte. Eine Berufsschule kann es sich nicht leisten, eine Amateurschule zu sein, die von einer wohltätigen Öffentlichkeit unterstützt wird, sondern muss über einen anerkannten Geschäftsstandard verfügen.

### Platzierung

Die Schule steht bei der Unterbringung ihrer Schüler vor Problemen verschiedenster Art. Jeder neue Erlass von Kinderarbeits- oder Arbeitsgesetzen hat seinen Einfluss. Selbst ein gutes Gesetz hat manchmal vorübergehende schwerwiegende Auswirkungen, indem es die Löhne senkt oder fähige Mädchen aus befriedigenden Positionen verdrängt. Es muss darauf geachtet werden, dass Studierende nicht an einem Ort untergebracht werden, an dem die Gefahr besteht, dass sie dem Wohl der Arbeitnehmer zuwiderlaufen. Der Wunsch, jede Schülerin dort unterzubringen, wo sie sich zu ihrem höchsten Niveau entwickeln kann, erfordert eine kontinuierliche Kenntnis der Marktbedürfnisse und der Eigenschaften der vielen Mädchen. Aufzeichnungen über eintretende, studierende und vermittelte Studierende, die Art der offenen Stellen sowie Branchen- und Arbeitsinformationen müssen auf dem neuesten Stand gehalten werden, doch diese Daten sind oft schwer zu sichern.

## Gewerkschaftliche Haltung

Eine wichtige Frage, die sich immer vor einer Berufsschule stellt, ist die Wirkung, die der Unterricht auf die arbeitenden Menschen haben kann. Für jemanden, der nicht ständig unter dem Druck des eigentlichen Berufs steht, ist es schwierig zu erkennen, auf welch vielfältige Weise gedankenlose Fortschritte im Berufsunterricht zum Nachteil derjenigen reagieren können, denen die Schule helfen möchte. Schaden kann dadurch entstehen, dass zu viele auf bestimmte Berufe vorbereitet werden, Stellen besetzt werden, an denen streikt wird, gut bezahlte Positionen durch Berufsschülerinnen zu geringeren Löhnen ersetzt werden, den Mädchen ein zu geringer Lohn für ihre Fähigkeiten zugewiesen wird, Ordnungsarbeit geleistet wird ein zu niedriger Preis oder wenn ein Streik stattfindet, zu sehr die Eignung eines Arbeitnehmers für den Nutzen des Arbeitgebers und nicht für die Erweiterung seines eigenen Lebens im Auge behält, und wie gedankenloses Handeln. Die Schwierigkeiten der Situation sind groß und die Lösung oft unklar, aber eine fair denkende Schule muss mit den Bemühungen vertraut sein, die die berufstätige Frau selbst unternommen hat, um ihren Zustand zu verbessern. Das scheinbar unnötige Misstrauen, mit dem die Arbeiterklasse die Organisation des Berufsunterrichts betrachtet, hätte ihre Grundlage, wenn man sich keine Gedanken über die Berufsbedingungen machte, wie sie das arbeitende Mädchen sieht. Eine Berufsschule für vierzehnjährige Mädchen muss keinen Wert auf ihren sofortigen Beitritt zu Gewerkschaften legen, sondern sollte das Thema in all seinen Aspekten einfach und klug betrachten, damit auch die Schülerinnen die Ziele und Vorteile der Zusammenarbeit in vollem Umfang kennen als Standpunkt und viele Schwierigkeiten der Arbeitgeber.

## Kontakt zum Handel

Die Fakultät einer Berufsschule braucht die Zusammenarbeit und Unterstützung der Werktätigen und der Arbeitgeber. Nur durch eine enge Zusammenarbeit mit ihnen können die besten und praktischsten Ergebnisse erzielt werden. Hilfsorganisationen und Ausschüsse der Arbeitgeber und der Arbeitnehmer; Besuche des Schulpersonals im Handel sowie von Arbeitgebern, Vorarbeitern und Arbeitern in der Schule; Die Ausführung von Aufträgen für Arbeitsräume und deren Unterstützung während der Hochsaison sind einige der Wege, mit denen die Manhattan Trade School versucht hat, die Hilfe der geschäftigen Industriewelt zu gewinnen.

### Probleme der finanziellen Unterstützung

Die Hilfe, die gewährt wurde, um den ärmsten Schülern den Schulbesuch zu ermöglichen, wirft eigene Fragen auf, wie zum Beispiel: die Gefahr der Verarmung der Empfänger; die Methoden zur Auswahl der Begünstigten; der beste Weg, die wöchentliche Hilfe zu leisten; die Entwicklung eines Geistes ernsthafter Arbeit und regelmäßiger Anwesenheit bei den Mädchen wurde dadurch gefördert; die Anregung des Wunsches, der Manhattan Trade School oder ihren Schülern eine gleichwertige besondere Hilfsbereitschaft zurückzugeben, und die Eliminierung dieser philanthropischen Bemühungen aus jedem offensichtlichen Zusammenhang mit der Schularbeit.

### FUSSNOTEN:

[B] Um diese Probleme zu erklären, wird es notwendig sein, einige der Daten in Teil I zu wiederholen.

## TEIL III
## AUSRÜSTUNG UND UNTERSTÜTZUNG

### Wohnen und Ausstattung

DAS erste Zuhause der Manhattan Trade School war ein großes vierstöckiges Wohnhaus mit Keller, für das eine Miete von 2.100 US-Dollar pro Jahr gezahlt wurde. Die anfängliche dauerhafte Ausrüstung und der erste temporäre Bestand reichten für einhundert Studenten und kosteten 9.500 US-Dollar. Dieser Betrag wurde hauptsächlich für die Einrichtung spezieller Räume für den Elektrizitätsbetrieb verwendet; zum Nähen; zum Schneidern; für Modewaren; zum Einkleben; und für die allgemeinere Ausstattung von Büros, akademischen und künstlerischen Räumen, einer Küche und einem Speisesaal. Die folgenden Aufstellungen zeigen die Bandbreite der Kosten für die Ausstattung der Hauptarbeitsräume mit der notwendigen Ausstattung:

### WERKSTATT FÜR BEKLEIDUNGS- ODER SCHNEIDEREI

| | | | | |
|---|---|---|---|---|
| Jeweils Nähmaschinen | 18,00 $ | Zu | 70,00 $ | |
| Arbeits-, Schneide- und Bügeltische jeweils | 6.00 | Zu | 20.00 | nach oben |
| Elektrische Bügeleisen, jeweils | 7,75 | | | |
| Gasherd (erforderlich, wenn kein elektrisches Bügeleisen verwendet wird), jeweils | 2,00 | nach oben | | |
| Cheval-Glas, jeweils | 20.00 | Zu | 100,00 | nach oben |
| Stühle, jeder | .50 | Zu | 3,00 | nach oben |
| Ausstellungsstücke, Vorratsschränke, Schränke und Kommoden, jeweils | 10.00 | Zu | 100,00 | nach oben |
| Passende Ständer, jeweils | 2,00 | Zu | 30.00 | nach oben |
| Umkleidekabine (eine mit Vorhängen versehene Nische), jeweils | 10.00 | nach oben | | |
| Umkleidekabine (ein möbliertes Zimmer), jeweils | 100,00 | nach oben | | |
| Schneiderpuppen, pro Dutzend | 30.00 | nach oben | | |
| Taillenformen, pro Dutzend | 6.00 | nach oben | | |

| | | | | |
|---|---|---|---|---|
| Ärmelformen, Paar | 1,00 | Zu | 1,50 | nach oben |
| Schließfächer pro laufendem Fuß | 3,00 | Zu | 8.00 | nach oben |

Ein Zimmer für zwanzig Arbeiter kann für 300 bis 500 US-Dollar schlicht eingerichtet sein. Wenn eine große Anzahl teurer Nähmaschinen gewünscht wird, müssen die Kostenvoranschläge um mehrere hundert Dollar erhöht werden. Die Manhattan Trade School verfügt über 40-Fuß-Maschinen, wie sie in den Arbeitsräumen New Yorks am häufigsten verwendet werden.

Die Ausstattung eines Arbeitsraums für den Elektrobetrieb, einschließlich allgemeiner und spezieller Maschinen, Motor, Schneide- und Arbeitstische, Schränke und Stühle, wird deutlich teurer sein als die für die Bekleidungsherstellung. Im letzteren Fall kann eine Nähmaschine von mehreren Arbeitern genutzt werden, im elektrischen Betrieb muss jedoch jeder Arbeiter über eine eigene Maschine verfügen. Auch der Elektromotor erhöht die Kosten. Die Mindestkosten für die Ausstattung eines Ladens für zwanzig Arbeiter würden 1.000 bis 1.500 US-Dollar betragen. Die notwendige Ausrüstung wäre wie folgt:

### ELEKTRISCHER BETRIEBSRAUM

| | | |
|---|---|---|
| Einfache Nähmaschinen in Reihen, pro Kopf | 22,50 $ | nach oben |
| Arbeitsmulden zwischen den Reihen und Tische für die Maschinen (je zwei Maschinen) | 10.00 | |
| Spezialmaschinen (Zweinadel-, Stick-, Spitzenstich-, Knopfloch-, Strohnähmaschinen und dergleichen), jeweils nach Art | 35.00 | bis 125,00 |
| Motor, jeweils | 140,00 | nach oben |
| Elektroschneider, jeweils | 25.00 | nach oben |
| Schränke, Tische, Stühle und Bügeleisen, siehe oben | | |

Die Manhattan Trade School verfügt über fünfundfünfzig einfache elektrische Nähmaschinen und zweiunddreißig Spezialmaschinen: drei Knopfloch-, eine Zweinadel-, eine Binde-, eine Zickzack-, fünf Hohlsaum-, fünf Tucker-, vier Bonnaz-, eine Flecht- und eine Handnähmaschine Stickerei, eine Muschel, neun Strohnähte.

In Arbeitsräumen, in denen Kleister-, Leim- und Leimarbeiten ausgeführt werden, ist folgende Sonderausstattung erforderlich:

| | | |
|---|---|---|
| Klebetöpfe, Gas, jeweils | 7,50 $ | nach oben |
| Leimtöpfe, jeweils elektrisch | 21.75 | nach oben |
| Handschneider, jeweils | 50,00 | nach oben |
| Schränke, Tische, Stühle und Bügeleisen, siehe oben | | |

Die Kosten für die Einrichtung eines Geschäfts würden zwischen 200 und 400 US-Dollar betragen.

In der Ausbildung im Bekleidungshandwerk werden häufig spezielle Maschinen zum Perforieren von Motiven oder zum Falten von Stoffen benötigt. Großhandelspreise können in der Regel bei großen Bestellungen erzielt werden. Händler haben sich auch bereit gezeigt, ihre Maschinen zu niedrigen Preisen zu verkaufen, sie zu verleihen und sie sogar einer Schule zu geben, die bewiesen hat, dass sie in der Lage ist, gute Arbeitskräfte auszubilden.

Als sich herausstellte, dass die ursprünglichen Räumlichkeiten der Schule zu begrenzt waren, machte sich der Verwaltungsrat mit großem Enthusiasmus an die Arbeit und sammelte in wenigen Monaten das erforderliche Geld und kaufte ein großes Geschäftsloftgebäude in der 209-213 East 23d Street eine Ausgabe von 175.000 US-Dollar. Die Instandsetzung kostete zusätzlich 5.000 US-Dollar. Die frühere Ausrüstung wurde verwendet und weitere 5.000 US-Dollar wurden für folgende benötigte Gegenstände ausgegeben: Maschinen: 3.200 US-Dollar; Motor, 352 $; Perforiermaschine, 38 $; zusätzliche Hauptuhren, 233 $; Stühle und Tische, 850 $. Die Einrichtung der Schule ist einfach und sachlich, die Ausstattung entspricht lediglich guten Arbeitsraumanforderungen, *d . h . e .* , nur das Nötigste.

Das Budget für das erste Jahr, 1902–1903, betrug 22.094,16 US-Dollar, wovon etwa die Hälfte auf die Gehälter der Lehrer entfiel und die andere Hälfte auf Miete und Unterhalt entfiel. In diesem Jahr wurden 113 Studierende aufgenommen. In den Jahren 1908–1909, nach sechs Jahren schnellen Wachstums, beträgt das Bildungsbudget 49.000 US-Dollar, also mehr als das Doppelte des Originals, wovon die Gehälter 38.806 US-Dollar betragen; die Vorräte: 1.710 $; Druck und Veröffentlichung, 600 $; Wartung: 9.900 $. Zu Beginn des Jahres 1908 zählte die Schule 254 Schüler; Im Laufe des Jahres wurden 689 Mädchen registriert, also insgesamt 943 Mädchen, was fast dem Neunfachen der Teilnehmerzahl im ersten Jahr entspricht.

### Die Unterstützung

Die Unterstützung der Manhattan Trade School war ausschließlich auf freiwillige Beiträge angewiesen. Es gab nur wenige Großspenden und die Spender repräsentieren alle Klassen der Gemeinschaft – Gönner und Arbeiter in soziologischen, wirtschaftlichen, philanthropischen und pädagogischen Bereichen, Arbeitgeber von Arbeitskräften und Hilfskräfte vieler Arten von Arbeitern, die für besondere Zwecke organisiert wurden. Die bedeutendste und im Verhältnis zum Einkommen größte Hilfe war vielleicht die der Lohnempfänger selbst – nicht nur des Mädchens, das von der Ausbildung profitiert hat, sondern der allgemeinen Masse der Arbeiterinnen. Diese Frauen, die sich der Schwierigkeiten ihres eigenen Aufstiegs bewusst waren, zeigten sich bereit, wöchentlich einen kleinen Betrag bereitzustellen, um jungen Mädchen durch systematisches Training zu helfen, schnell Leistungsfähigkeit zu erlangen. Die Hilfskräfte der Lohnabhängigen sind aufgrund ihres hilfsbereiten Enthusiasmus, ihrer praktischen Vorschläge, ihres Interesses an den dort ausgebildeten Mädchen und ihrer regelmäßigen Abonnements, auf die sich der Verwaltungsrat verlassen kann, eine tragende Säule der Schule.

# TEIL IV
# ÜBERBLICK UND DETAILLIERTE BERICHTE
# ÜBER DIE ABTEILUNGSARBEIT

### Die Fakultät und Mitarbeiter

DAS ursprüngliche Personal der Manhattan Trade School (1902–1903) bestand aus einem Direktor, einem Geschäftsführer, vier Vorgesetzten (Operator, Schneiderei, Kleister und Kunst), fünf Ausbildern und Vorarbeiterinnen, vier oder fünf Assistenten und Gelegenheitsarbeitern sowie einem Hausmeister und 2 Reinigungskräfte. Das gegenwärtige Personal, 1909–1910, besteht aus (1) *Büroverwaltung*, 11: Direktor, Geschäftsführer, stellvertretender Sekretär, 2 Stenographen (Büro und Vermittlung), Vermittlungssekretär, Ermittler, Geschäftsangestellter, Einkäufer und 2 Assistenten (Aufzeichnungen, Telefon usw.). (2) *Lehrkräfte, Vorgesetzte und stellvertretende Vorgesetzte*, 7: Schneiderei, Schneiderwerkstatt, Elektrobetrieb, Modewaren, Neuheiten, Sportunterricht, Kunst. *Ausbilder, Lehrer und Vorarbeiterinnen*, 11: Akademiker, 2; Schneiderei, 3; Betrieb, 5; Kunst, 1. *Assistenten*, 14: Schneiderei, 7; Neuheit, 3; Betrieb, 1; Sportunterricht, 2; Art, 1. (3) *Doktor*. (4) *Gebäudepflege*, 7: Ingenieur, Hausmeister, Maschinist, Reinigungskräfte 2, Aufzugsjunge und Nachtwächter.

VERWALTUNG

### Zulassungsvoraussetzungen

I. Alter: vierzehn bis siebzehn Jahre. Das Gesetz schreibt vor, dass ein Kind bis zum Alter von vierzehn Jahren in einer öffentlichen Schule bleiben muss. Die Manhattan Trade School hat herausgefunden, dass ein Mädchen unter vierzehn Jahren zu unreif ist, um sich auf handwerkliche Tätigkeiten zu spezialisieren, und dass die meisten Mädchen über siebzehn Jahren zu reif sind, um in die Arbeit zu passen, die für den Großteil der Klasse geplant ist.

II. Note der öffentlichen Schule: 5-A oder höher. Der Staat verlangt, dass ein Kind die Note 5-A oder einen gleichwertigen Abschluss erhält, bevor es zur Arbeit gehen kann. Wenn ein Mädchen aus Krankheit oder einem anderen wichtigen Grund diese Note nicht erreicht hat, wird es mit Sondergenehmigung des Schulleiters der zuletzt besuchten Schule in die Gewerbeschule aufgenommen und erhält während des Studiums seines Gewerbes die erforderliche Schulzeit nachgeholt spezielle Kurse und Coaching. Das Gesundheitsamt erkennt diesen Ersatz an.

Die Klasse der seit Beginn zugelassenen Mädchen ist in der folgenden Tabelle aufgeführt:

| | Unter dem Prozentsatz der Fünftklässler . | Prozent der fünften Klasse . | Prozent der sechsten Klasse . | Prozent der siebten Klasse . | Prozent der achten Klasse . | Absolventenprozentsatz . | High-School-Prozent. |
|---|---|---|---|---|---|---|---|
| 1902 | 8 | 19 | 35 | 26 | 2 | 10 | 0 |
| 1903 | 11 | 18 | 19 | 29 | 6 | 15 | 2 |
| 1904 | 6 | 11 | 15 | 25 | 16 | 25 | 2 |
| 1905 | 7 | 15 | 19 | 19 | 17 | 19 | 4 |
| 1906 | 8 | 16 | 20 | 23 | 17 | 13 | 3 |
| 1907 | 7 | 10 | 25 | 23 | 15 | 18 | 2 |
| 1908 | 4 | 15 | 26 | 20 | 13 | 16 | 6 |

Im Jahr 1908 wurden 143 ältere Frauen in einen speziellen Arbeitsraum für „Arbeitslose" aufgenommen.

III. Mädchen unter 16 Jahren müssen Arbeitspapiere einreichen.

1. Kein Mädchen unter 16 Jahren kann in New York arbeiten, es sei denn, sie verfügt über eine vom Gesundheitsamt ausgestellte Arbeitsbescheinigung, und auch dann nur von 8.00 BIS 17.00 UHR oder acht Stunden täglich.

2. Die öffentliche Schule, die das Mädchen zuletzt besucht hat, ist für es verantwortlich, bis es sechzehn Jahre alt ist, seine Arbeitspapiere hat oder an eine andere Schule entlassen wird. Wenn sie an die Manhattan Trade School entlassen wird, kann ihr Besuch dort nicht zur Pflicht gemacht werden, und sie kann einige Tage dort bleiben und dann die Schule verlassen und illegal

arbeiten. Unsere Möglichkeiten, solche Fälle weiterzuverfolgen, sind begrenzt. Anhand ihrer Arbeitspapiere wissen wir, dass sie sich nicht dem Gesetz entzieht und können sie entlassen, wenn sie in den Berufsausbildungszweigen keinen Erfolg hat.

3. Ausnahmen: Das Fehlen einer ordnungsgemäßen Geburtsurkunde aufgrund einer Geburt im Ausland oder das Versäumnis, dies durch Beamte zu dokumentieren, kann den Erhalt einer Arbeitsbescheinigung verhindern. In solchen Fällen erlässt das Gesundheitsamt eine besondere Regelung, und bis zur Anpassung wird das Mädchen nach Bekanntgabe des Datums der künftigen Ausstellung aufgenommen.

IV. Hinweis: Von jedem Bewerber ist der Name einer zuverlässigen Person erforderlich, um im Falle von Schwierigkeiten jeglicher Art jemanden zu haben, mit dem er kommunizieren kann.

V. Persönliche Bewerbung: Jedes Mädchen füllt ein Bewerbungsformular aus, in dem Name, Adresse und Geburtsort von sich selbst, Vater und Mutter, Besuch einer öffentlichen Schule, vorherige Berufserfahrung (falls vorhanden), gewünschter Beruf und Referenz angegeben sind. Dies muss in der Schule geschrieben werden, da die Art und Weise, wie es gemacht wird, einen großen Teil der Zulassungsprüfung ausmacht.

### Einlasszeiten

Das Schuljahr beginnt im Juli, aber ein Mädchen wird jeden Montag aufgenommen, wenn in der Abteilung, in die es eintreten möchte, eine Stelle frei ist. Die folgende Tabelle zeigt die jährliche Zulassung:

| 2. November, | 1902 | (erster Tag) | 20 |
|---|---|---|---|
| Rest von | 1902 | | 93 |
| | 1903 | | 139 |
| | 1904 | | 193 |
| | 1905 | | 239 |
| | 1906 | | 328 |
| | 1907 | | 433 |
| | 1908 | | 689 |
| | 1909 | | 517 |

| Gesamt | 2.651 |

Einige dieser Schüler blieben nicht lange genug, um eine gründliche Ausbildung zu absolvieren, da die häuslichen Anforderungen selbst einen geringen Lohn zwingend erforderten und das Mädchen in die Reihen der schlecht vorbereiteten Verdiener aufgenommen werden musste. Einige waren nicht an die Handelsbedingungen angepasst und zerfielen übrigens bald. Viele blieben so lange bestehen, bis sie mehr als die durchschnittliche zwölfmonatige Ausbildung in Anspruch nahmen und mit einem entsprechend höheren Lohn ein Unternehmen gründeten.

## Aufzeichnungen

I. Anwesenheit: 1. Täglich, Montag bis einschließlich Freitag. Die Fabrikmethode, bei der beim Betreten und Verlassen Stempelkarten von einer Uhr gestanzt werden, hat sich als die genaueste, sachlichste und zeitsparendste Methode erwiesen. Es registriert den genauen Zeitpunkt des Klingelns und zeigt so sowohl Verspätung als auch Abwesenheit an.

2. Wöchentlich. Eine kleine, für zweiundfünfzig Wochen angelegte Karteikarte fasst die tägliche Aufzeichnung der Zeitkarten zusammen und erfordert die Anwesenheitskontrolle nur einmal pro Woche. Diese Datei ist in Abteilungen und wiederum in Klassen unterteilt, so dass die Einschreibungsstatistiken leicht erfasst werden können.

II. Individuelle Aufzeichnungen: 1. Bei der Aufnahme wird für jedes Mädchen eine Aufzeichnungskarte angelegt, unabhängig davon, wie lange sie teilnehmen darf. Diese enthält (1) die auf dem Bewerbungsformular angegebenen Daten im Detail kopiert; (2) Studienbeihilfe, sofern gewährt, Höhe, Datum und Bemerkungen.

2. Beim Verlassen werden auf derselben Karte (1) Datum und Grund des Verlassens eingetragen; (2) Aufzeichnungen in verschiedenen Abteilungen – Kunst, Wissenschaft, Handel und Gesundheit; (3) Zertifikat – Art, Aufzeichnung, Datum. Dies wird erst dann gewährt, wenn sich die Schülerin sowohl in der Schule als auch in der Wirtschaft in ihrem Beruf als zufriedenstellend erwiesen hat; (4) Handelsnachweis – auf der Rückseite der Karte befindet sich der „Handelsnachweis nach dem Schulabschluss" mit Spalten für Datum, Arbeitgeber, Art der Arbeit, Löhne und Bemerkungen. Dies wird vom Praktikumssekretär durch häufige Besuche und Briefe aufrechterhalten und liefert die Grundlage für viele wertvolle Rückschlüsse auf die praktischen Ergebnisse der Ausbildung.

III. Weitere in den Abteilungen geführte Aufzeichnungen sind (1) Studienbeihilfe: Antrag und Informationen; (2) Gesundheit: Prüfungen bei der Aufnahme und zukünftige Wiederholungsprüfungen ; (3) Abteilung:

Aufzeichnungen jedes Mädchens, während es von Klasse zu Klasse geht, wie „Einstellung", Geschwindigkeit und Geschicklichkeit.

## Länge des Jahres

Die Schule ist jedes Jahr 48 Wochen lang in Betrieb, wobei an Weihnachten, Ostern, dem 4. Juli und dem Tag der Arbeit vier Wochen bis zu einer Woche Ferien gewährt werden. Die Sommereinheit ist der Beginn der regulären Arbeit und keine Einheit für das Sommertraining. Niemand wird nur für den Sommer zugelassen, da die Zeit zu kurz ist, um sich echten Handelsstandards anzunähern.

## Unterricht

Der Unterricht ist absolut kostenlos. Ziel der Manhattan Trade School ist es, das ärmste Mädchen zu erreichen, das kaum eine Chance auf einen schnellen Aufstieg hat, wenn es nicht jemand mitnimmt. Um dies möglichst effektiv zu tun, ist es manchmal notwendig, ihr zu helfen. (Siehe den Bericht der Studierendenhilfe.)

## Handelswahl

Ein Mädchen kann auf Antrag den Beruf auswählen, den es erlernen möchte. Wenn sie sich nach einer einmonatigen Verhandlung als kompetent erweist, darf sie weitermachen; andernfalls wird ihr empfohlen, in eine andere Abteilung zu wechseln oder eine Anstellung in einem Beruf zu suchen, der nicht an der Berufsschule unterrichtet wird. Wenn ein Mädchen aus Unkenntnis der Möglichkeiten keine Berufswahl hat, werden ihr die erlernten Berufe gezeigt und die Möglichkeit gegeben, eine Auswahl zu treffen. Wenn sie dann noch unentschlossen ist, wird ihr empfohlen, das zu nehmen, was am besten zu ihrer Zeit und dem Mädchentyp, der sie zu sein scheint, passt.

## Unternehmensführung

Wie einfach eine Schule auch sein mag, es ist dennoch eine gewisse Buchhaltung erforderlich, und wenn mit dem Betrieb der Schule auch die Verwaltung von Lieferungen und Einnahmen aus Handelsaufträgen kombiniert wird, wird das Problem sehr kompliziert. (Siehe Handelsauftragsarbeit.)

I. Allgemeines: Es wurde ein System zur aktuellen Buchhaltung des Hauptbuchs, des Rechnungsbuchs und der täglichen Belege eingeführt, wobei die Einzelheiten in den Kassen- und Wartungsbüchern ausgearbeitet werden. Diese wenigen einfachen Bücher verteilen Abrechnungen über Ausgaben und Einnahmen so, dass man schnell den Stand der gesamten Schule oder einer einzelnen Abteilung erkennen kann. Die gesamte Buchhaltung ist in einem Büro zentralisiert, mit Ausnahme der

Auftragsannahme und der Einzelheiten ihrer Ausführung, die in den Händen der jeweiligen Abteilung liegen müssen.

II. Abteilung: 1. Anforderungsformulare für getätigte Einkäufe. 2. Bestellen Sie ein leeres Exemplar und ein Duplikat für die vom Kunden erteilte Bestellung. 3. Zeitnachweise, wo immer möglich, um eine genaue Aufzeichnung des Zeitwerts der geleisteten Arbeit zu erhalten. 4. Materialzettel, um zu dokumentieren, was in die Bestellungen eingeflossen ist. 5. Endabrechnung, um Daten für Rechnungen anzugeben, die von der Hauptniederlassung verschickt und dort in Duplikaten für endgültige Aufzeichnungen abgelegt werden.

DIE BETRIEBSABTEILUNG FÜR KRAFTMASCHINEN

### Ziel

Mädchen darin auszubilden, an Nähmaschinen zu arbeiten, die mit elektrischem Antrieb betrieben werden, und hinter jeder Maschine einen Denker als Bediener zu stellen. Die Abteilung hofft, dadurch intelligentes Interesse an dem Tool zu wecken, *d. e.*, die Maschine, um den Ehrgeiz der Arbeiter zu wecken. Nur durch den intelligenten Einsatz des Werkzeugs und die daraus resultierende Liebe zur Arbeit können wir uns auf die qualifizierten Maschinenarbeiter der Zukunft freuen. Diese Schulung muss während der Ausbildungsphase der Mädchen gegeben werden, um Denk- und Handlungsgewohnheiten zu entwickeln, die den negativen Auswirkungen auf die Arbeiter entgegenwirken, die sich aus der Aufteilung und Unterteilung der Arbeit und der daraus resultierenden Unterteilung der Fähigkeiten ergeben, die in allen Fabriken stattfindet Heute. Wenn eine Schülerin gründlich im intelligenten Umgang mit ihrem Werkzeug geschult wurde, wenn sie gelernt hat, komplette Kleidungsstücke herzustellen, wenn sie dann durch Umstände, wie sie die moderne Produktion mit sich bringt, gezwungen ist, einen Vorgang auf unbestimmte Zeit an der Maschine auszuführen, oder einen Teil eines Kleidungsstücks herzustellen, sie hat immer noch die Macht im Griff, indem sie bereit ist, etwas anderes zu tun, wenn Gelegenheit oder Notwendigkeit es erfordern.

### Allgemeine Schritte im Training

I. Einem Schüler muss eine kurze Zeit gegeben werden, sich an die Werkstattumgebung zu gewöhnen. Daher wird ihm zunächst eine einfache Arbeit wie das Zerreißen oder Zerschneiden alter Kleidungsstücke eingeräumt. Dies gibt ihr die Freiheit, sich mit ihren Händen im Arbeitsraum umzusehen und sich an den Anblick und das Geräusch der Maschinen in Aktion zu gewöhnen.

II. Dem Schüler wird beigebracht, die Kraft zu kontrollieren, mit der die Maschine betrieben wird, und er erhält anschließend ein intelligentes

Verständnis für den Mechanismus der Maschine oder Maschinen, die er bedienen soll.

III. Die Schülerin beginnt dann mit ihrem regulären Arbeitsablauf und ihr Gefühl der Verantwortung für den Wert der *Zeit* wird geweckt – das heißt, ihre Sekunden, Minuten und Stunden, Tage, Wochen und Monate sind jetzt wichtige Faktoren in ihrem Leben, und sie kann zum Guten oder Bösen verwendet werden. In der Fachsprache kann man sagen, dass die Zeit klug oder töricht verbracht werden kann, und während des Studiums an der Manhattan Trade School werden sieben Stunden des täglichen Lebens des Mädchens für produktive Arbeit aufgewendet und sollten berücksichtigt werden. Die Abteilung hat einen eigenen Zeitlohnplan entwickelt, der dem Akkordsystem im Handel ähnelt. Durch die Belohnung gut verbrachter Zeit macht es den Schülern die Tatsache bewusst, dass verschwendete Zeit für immer vorbei ist, wie es keine Bestrafung vermag.

Die Abteilung ist in fünf Klassen unterteilt, von denen drei absolviert werden müssen, um einen Allround-Operator zu werden, nämlich: Grundstufe, zweimonatiger Kurs; Mittelstufe, viermonatiger Kurs; Fortgeschrittener, sechsmonatiger Kurs. Im Handel liegen die Gehälter für solche Positionen zwischen 5 und 15 US-Dollar. Die anderen beiden Klassen bilden Fachkräfte für elektrische Maschinen, Spezialmaschinen verschiedener Art und Strohnähmaschinen aus. Spezialmaschinenarbeiten erfordern zusätzlich zum kompletten Rundumbetrieb drei Monate bis ein Jahr. Die Gehälter liegen zwischen 6 und 30 US-Dollar. Für jede Klasse ist ein Facharbeiter zuständig.

*Arbeitsablauf*

Regulärer Operationskurs:

1. Kontrolle der Energie – Namen und Verwendungszwecke von Maschinenteilen lernen. Herstellung von Taschen, Kleidung und Bedienerausrüstung.

2. Gerad- und Schrägstiche mit gleichem Abstand zueinander.

3. Schrägnaht im Abstand von vorgegebenen Maßen.

4. Rechtwinklige Ecken anfertigen und wenden, dicke Kanten nähen, um die Spannung zu üben.

5. Tischschürze nach früheren Prinzipien bearbeiten. Dies dient zum Schutz des Bedieners vor Wellen und Öl.

6. Nähte: Glattnaht, Glatt- und Bandnaht; Französische Naht; Taschennaht an der Kette; Taschennaht, eine Kette und eine Schräge; Taschennaht, zwei Schrägen.

7. Säumen: Säume unterschiedlicher Größe von Hand gedreht, um korrekte Maße zu gewährleisten; Säume laufen durch Säumer, um den Einsatz von Befestigung zu erlernen und Geschwindigkeit zu verleihen; Nähte durch Saum – Taschennaht, flacher Schnitt.

8. Quilten: Nach Entwürfen von Schülern der Kunstabteilung. Üben Sie die Steuerung der Leistung sowie das Starten und Stoppen der Maschine an einem bestimmten Punkt.

9. Banderolierung: Gerade und schräge Bänder werden nach Maß nach einem in der Kunstabteilung erstellten Design platziert. Üben Sie das Nähen von Kanten, das Wenden von Ecken und die Genauigkeit der Messungen.

10. Erweiterte Nähte auf Stoff und Seide: Flanellnaht, Schlitznaht, Regenschirmnaht.

11. Joche gemacht und angelegt: Runde Joche – Unterröcke; runde Vorderseite und gerade Rückseite – Schubladen und Unterröcke; Schrägpassen – Taillen; geformte Joche – Schürzen; Rundpassen – Kinderkleider; Gehrungs-Eckpasse – Kleider.

12. Einstecken: Freihändiges Einstecken für Genauigkeit beim Messen und Verwenden der Regel; Spezielles Heften auf Länge und Breite verschiedener Materialien, um Geschwindigkeit und Geschicklichkeit bei der Handhabung verschiedener Stoffe zu ermöglichen.

Allgemeine Konstruktion: Handelsbestände und Auftragsarbeiten (siehe Auftragsarbeiten): Slips für Kleinkinder, Kinderunterwäsche; Strampler für Kinder; Kinderkleider; Frauenunterwäsche; Hemdblusen; Schürzen; Hauskleider; ausgefallene Negligés.

Spezielle Maschinenarbeiten:

Knopflöcher; verstauen; Zweinadelarbeit; Hohlsaum; Bonnaz (Corneli)-Stickerei; Maschinenhandstickerei, Muscheln. Für diesen Kurs sind nur Studierende mit besonderen Fähigkeiten geeignet. Jedes fünfzehnte Mädchen verfügt in der Regel über die erforderliche Begabung und Selbstbeherrschung, um eine Spezialmaschine erfolgreich zu bedienen. Jede Maschine ist spezialisiert, *d. h. e.*, erledigt seine eigene besondere Arbeit und keine andere. Damit gute Ergebnisse erzielt werden können, ist vom Bediener eine geduldige Aufmerksamkeit für Kleinigkeiten erforderlich. Solche Maschinen sollen lediglich eine Hand benötigen, um die Arbeit zu führen. Unsere Erfahrung hat uns gezeigt, dass gute Ergebnisse nur dann erzielt werden, wenn Intelligenz und Geduld eine Rolle spielen. In den Fabriken halten Maschinisten die Spezialmaschinen in Ordnung, aber die Schule möchte die Bedienerin darin schulen, ihre eigene Maschine in gutem Zustand zu halten und so wertvolle Zeit zu sparen.

Die Stickereiarbeiten von Bonnaz (Corneli) bieten hervorragende Möglichkeiten zur Zusammenarbeit mit der Kunstabteilung. Sowohl Bonnaz (Corneli) als auch maschinelle Handstickereien müssen in den Muskeln gespürt werden, bevor sie auf dem Material ausgeführt werden können. Daher ist die Arbeit mit dem Bleistift bei der Erstellung von Mustern, die auf der Maschine ausgeführt werden sollen, von größter Bedeutung . Freihandentwürfe müssen zunächst in großen, freien Bewegungen an der Maschine ausgeführt werden, bis die Armmuskeln mit der auszuführenden Kurve, dem Schwung und dem Gefühl gründlich vertraut sind. Nachdem die Bewegung und der Schwung gemeistert sind, können dieselben Motive zehn- oder zwanzigmal verkleinert werden, und der Schüler wird sie immer noch im perfekten Rhythmus ausarbeiten. Sobald die Beherrschung der Bewegung erlangt ist, kann ein Schüler, der über das nötige mechanische Gespür verfügt, die Schnür-, Flecht- und Dreifaden-Befestigungsarbeiten leicht erlernen. Der Arbeitsablauf von Bonnaz (Corneli) umfasst: Kettenstich, Schriftzug, Applikationsarbeiten, Kordeln, Flechten, Dreifadenarbeiten.

Maschinenhandstickerei sollte als Ergänzung zur Bonnaz-Stickerei (Corneli-Stickerei) angeboten werden. Es bietet eine hervorragende Ausbildung in Design und Farbarbeit.

Nach der regulären Einarbeitung sollte auch mit der Strohnähmaschine des Fachhandels begonnen werden. Es bietet eine hervorragende Übung für den schnellen Umgang mit Material, bietet jedoch nur eine schlechte Grundlage für den Aufbau eines sorgfältigen, erfahrenen Allround-Bedieners. Um einen Hut in die richtige Form zu bringen, ist Geschwindigkeit die wichtigste Voraussetzung, da der Strohzopf mit einer Geschwindigkeit von viertausend Stichen pro Minute durch die Maschine fliegt; Daher wird dem Schüler zunächst die allgemeine Bedienung übertragen, um ihn in der erforderlichen Sauberkeit zu schulen. Da es beim Strohnähen lange Ruhezeiten gibt, kann der Bediener in diesen Zeiten zum regulären Betrieb zurückkehren.

ABTEILUNG FÜR SCHNEIDEREI

### Ziel

Das Ziel der Schneiderei-Abteilung besteht darin, Mädchen in den Elementen des Schneiderhandwerks auszubilden, um ihnen eine sofortige Anstellung als Verbesserer und Finisher oder als Gehilfen an Röcken, Taillen und Ärmeln zu ermöglichen und ihnen eine entsprechende Vorbereitung zu ermöglichen Helfen Sie ihnen, schließlich in kompetente und verantwortungsvolle Positionen aufzusteigen. Durch die Ausbildung entfallen Laufburschen- und Ausbildungsphasen und ermöglicht von Anfang an einen existenzsichernden Lohn. Das Ergebnis wird in neun bis siebzehn Monaten erreicht, wobei die Zeitspanne ganz von den Fähigkeiten des

Mädchens, ihrer körperlichen Verfassung, ihrem Ehrgeiz bei der Arbeit, ihrer Regelmäßigkeit der Anwesenheit und ihrer vorherigen Ausbildung abhängt.

## Klassen

Die Abteilung ist in drei Abschnitte unterteilt: (1) Die Grundschule, die aus zwei Klassen für den Unterricht einfacher Näh- und Maschinenarbeiten besteht. Dieser Abschnitt ist aufgrund der schlechten Vorbereitung der Studierenden am Eingang notwendig geworden. Für öffentliche Grundschulen und Industrieschulen wäre es nicht nur praktisch, sondern auch wünschenswert, ihre Schüler so auszubilden, dass sie diesen Teil des Manhattan Trade School-Kurses weglassen könnten. (2) Der Beruf. Dieser Abschnitt umfasst auch zwei Klassen. Die Arbeit hat handwerklichen Charakter, es muss jedoch viel Zeit darauf verwendet werden, die richtigen Arbeitsgewohnheiten zu entwickeln und bestimmte Arten von Handarbeit zu erlernen. Die öffentlichen weiterführenden Schulen könnten diesen Abschnitt vorteilhaft anbieten und dadurch die Schüler für eine bessere Kenntnis des Zuhauses oder für den zukünftigen Lebensunterhalt ausbilden. (3) Die Handelsabteilung. Hierbei handelt es sich um einen Geschäftsladen, der die Handelsbedingungen möglichst genau wiedergibt und in die gleichen progressiven Abteilungen unterteilt ist. Obwohl das Ziel darin besteht, wie im Handel zu arbeiten, steht auch das Bildungsziel im Vordergrund, und der Ausbildungsverlauf wurde mit Blick auf beide Ziele geplant. Die Auftragsarbeit spielt in diesem Abschnitt eine wichtige Rolle, da sie die Menge und Vielfalt des Materials ermöglicht, die für die vielen Wiederholungen wichtiger Phasen des Schneiderhandwerks, die neuen Ansichten alter Prinzipien und die aufwändige Kostümherstellung erforderlich sind, die in der Ausbildung erforderlich sind . Es wäre für eine Schule unmöglich, die vielen Arten von Kleidungsstücken in diesem Gewerbe adäquat zu behandeln, ohne dass es für die Auftragsarbeit ein Äquivalent gäbe. Der Einsatz von Modellen oder Übungsmaterialien ist aufgrund der großen Unterschiede zwischen theoretischem und praktischem Wissen im Umgang mit wertvollen Materialien nicht zufriedenstellend. Ein Mädchen lernt vielleicht, feine Biesen auf einem Käsetuch zu machen, aber das wird ihr nicht ermöglichen, Chiffon mit der Hand zufriedenstellend zu falten. Es ist auch kein richtiges pädagogisches oder wirtschaftliches Prinzip, große Mengen guten Materials, das die Schüler als „Lumpen" betrachten, zu zerschneiden und sie dann, nachdem sie daran gearbeitet haben, in einen Abfallbehälter zu werfen oder einfach zu verkaufen, um etwas zu bekommen Sie loswerden. Um in jedem Unterrichtsbereich die besten Ergebnisse zu erzielen, müssen Interesse und Begeisterung vorhanden sein. Das Ziel muss daher eindeutig und die Ergebnisse entscheidend sein. Die Arbeit soll diese höheren Qualitäten fördern. Die Studierenden produzieren Artikel für einen bestimmten Verwendungszweck; ihnen wird eine erforderliche Zeit vorgegeben, in der die Arbeiten abgeschlossen sein sollen; Der Handel selbst setzt den Maßstab des Urteilsvermögens, und zwischen der Arbeit aller Klassen besteht ein eindeutiger Zusammenhang, so dass alte Prinzipien erkannt werden können, wenn sie in neuen Formen präsentiert werden.

## Arbeitsabläufe

I. Elementarbereich. (1) Anfängerkurs. Zunächst wird jedes Mädchen beim Eintritt einem Test unterzogen, der es dem Lehrer ermöglicht, ihre Nähfähigkeiten zu beurteilen. In den meisten Fällen hat es sich als notwendig erwiesen, alle oder einen Großteil der folgenden Prinzipien zu lehren: die Verwendung von Nähutensilien, die Herstellung der Stiche, ihre Anwendung in Artikeln und den Betrieb der Nähmaschine. Daher war der zweite Schritt ein Arbeitskurs, der sich mit der Anwendung dieser notwendigen Prinzipien befasste, wobei jedes Mädchen an dem Punkt begann, an dem es eine Schulung benötigte. Drittens der letzte Test. Nach zufriedenstellendem Abschluss dieser sehr elementaren Ausbildung wird ein Test durchgeführt, um die Fähigkeit eines Mädchens zu zeigen, zu arbeiten, zu denken und Ideen umzusetzen. Wenn sie noch nicht vollständig vorbereitet ist, wird weitere Zeit darauf verwendet, die Punkte hervorzuheben, die ihr noch fehlen.

Die Arbeit in der Anfängerklasse erfolgt an Artikeln, die einen Handelswert haben und für etwa die Materialkosten an Kunden oder an die Schüler verkauft werden. Die Schule stellt die Materialien für alle Grundarbeiten zur Verfügung, die Schüler müssen jedoch ihre eigenen Werkzeuge bereitstellen und diese in gutem Zustand halten. Dazu gehören ein Fingerhut, Nadeln, eine Schere, ein Maßband, ein Schmirgel und eine weiße Schürze.

Klassenunterricht, gefolgt von individueller Kritik, ist die Unterrichtsmethode in der Grundschule. Der Schwerpunkt liegt auf der richtigen Verwendung der Utensilien, der Körperhaltung und der Handhabung der Arbeit. Es werden individuelle Aufzeichnungen über den Grad der Arbeit und die für die Lösung eines Problems benötigte Zeit geführt. Der Kurs dauert zwei bis drei Monate und die Studierenden sind viereinhalb Stunden pro Tag bei der Arbeit.

ÜBERBLICK ÜBER DIE ARBEIT IM ANFÄNGERKURS

1. Stiche und Sonderformen des Nähens: Heften, Vornähen, Überschlagen, Versäubern, Säumen, Blindnähen, Annähen von Knöpfen ( Zweiloch , Vierloch), Knopflöcher, Federstich.

2. Nähte: schlicht; Webkanten und offene Kanten; Französisch; gefällt; gerade und schräge Kanten; überhand genommen.

3. Maschinennähen: Gerade Nähte und Reihen; Säume; Verkleidungen – Punkte; Verwendung von Tucker.

4. Grundsätze: Messen, Nähte, Säume, Biesen, Fadenschneiden; passende Streifen; Säume wenden und heften; Herstellung von Hüllen für Kordelzüge; Anlegen eines Bandes – von Hand, maschinell – ein- und zweiteilig; Saiten in Bänder stecken; Abschluss der Saumenden; Anziehen von Taschen – gerade und geformt; schlichte Knopfleiste; Schneiden von Schrägstreifen; Zusammennähen von Schrägstreifen; geschwungene und gerade Kanten (Armlöcher, Hals, Taille, Spitzen) gegenüberstellen; Taille und Rock mit schrägem Besatz verbinden; Herstellung einer gerade eingesteckten Rüsche; Einsetzen einer Rüsche unter den Biesen am Rock; zerreißen.

5. In der Arbeit verwendete Artikel (diese Liste kann nach Belieben geändert werden und ist lediglich repräsentativ): Handarbeit – Nadelkissen, Tasche, Handtuch, weiße Schürze mit Rüschen. Maschinenarbeit – Gürtel, karierte Schürzenärmel, Kinderkleid mit Taille, Uniformschürze.

6. Ergänzungsarbeiten: Schuhbeutel, Silberetuis, Halter, Lätzchen, Seidentaschen, Stopftaschen, Nadelbücher, Reiseetuis, Babymützen und Arbeiten ähnlicher Art.

7. Verwendete Materialien: Baumwolle, Leinen, Seide.

(2) Mittelklasse. Die Anfängerklasse widmet sich hauptsächlich dem Nähen von Hand, in der Mittelklasse liegt der Schwerpunkt auf dem Nähen mit der Maschine. Die Arbeit ist eine Wiederholung der im Anfängerkurs gelehrten Prinzipien, wird jedoch auf andere Weise präsentiert und bietet neue Anwendungen. Bestellungen für die in diesem Kurs hergestellten Kleidungsstücke werden von Privatpersonen oder Unternehmen entgegengenommen. Der Preis ist der des Handels. Diese Aufträge bilden einen Markt für die gesamte Produktion der Klasse. Es wird ein gewisses Maß an Unterricht gegeben, von den Mädchen wird jedoch erwartet, dass sie unter Aufsicht selbstständig arbeiten.

ÜBERBLICK ÜBER DIE ARBEIT IN DER MITTELSTUFE

1. Überprüfung früherer Grundsätze für neue Kleidungsstücke: (1) Französische Naht – gerade Kanten, Baby-Slips und Nachthemden. (2) Säume, ( *a* ) gerade, ( *b* ) von Hand gedreht, an Prinzessinnenschürzen, Pumphosen, Ärmeln usw., ( *c* ) maschinell gedreht – Saum an Rüschen, für Schubladen und Unterröcke. (3) Versäubern – Rocknähte. (4) Knopflöcher – alle Kleidungsstücke. (5) Knopfleisten – schlicht gesäumt, an Röcken, Baby-Slips. (6) Schrägbänder – zum Verbinden und Anbringen an geraden und gebogenen Kanten, an Prinzessinnenschürzen, Schubladen und am oberen Ende des Unterrocks. (7) Rüsche – Zusammenfügen, Abmessen und Anbringen unter der Biese, am Rock und an den Schubladen. (8)

Maschinenanleitung – Einfädeln, Nadeln einstellen, Spule aufwickeln, Fadenskala, Nadel und Stich.

2. Neue Prinzipien: (1) Flachschnitt – geformte und schräge Kanten an Prinzessinnenschürzen und -schubladen. (2) Französische Naht – geformte Kanten bei Petticoat-Nähten. (3) Schlaufen – an Petticoats und Morgenmänteln. (4) Säume – geformte Kanten in bestickten Röcken, Prinzessinnenschürzen und Nachthemden, Baby-Slips und Kinderkleidern. (5) Überhandhaben – Teile an Nachthemden, Rüschen und Spitze an Unterwäsche annähen. (6) Knopfleisten – in Schubladen, Petticoats, Pumphosen und Kleiderröcken. (7) Schrägband – wird an der Oberseite der Rüsche in Petticoats und Unterröcken angebracht. (8) Schrägband – Korsettüberzug und Nachthemd. (9) Rüschen – Abschluss mit Schrägbändern am Petticoat und an den Schubladen. (10) Manschetten – Herstellung und Anbringung an Nachthemden, Baby-Slips, Stramplern und Hauskleidern. (11) Ärmel – auf der falschen Seite raffen und in Baby-Slips, Nachthemden, Morgenmäntel usw. stecken. (12) Bügeln. (13) Haken und Ösen an Petticoats annähen. (14) Maschineneinweisung in Reinigung, Ölung und Anbaugeräte.

3. Liste der auf Lager und auf Bestellung gefertigten Artikel: Schürzen – Prinzessinnen-, Dienstmädchen- und Fancy-Schürzen. Damenbekleidung – Morgenmäntel, Nachthemden, Kimonos, Freizeitmäntel, Hauskleider, Hemden, Unterhosen, Röcke (waschbar, Mohair, Seide), Kragen und Korsettbezüge. Kinderkleidung – Nachthemden, Nachtkommoden, Unterhosen, Röcke, Strampler, Kleider und Schürzen.

4. Verwendete Materialien: Baumwolle, Seide, Wolle und Kammgarn.

II. Berufsabteilung. Die steigende Nachfrage nach Konfektionskleidung hat ein neues Feld für Mädchen eröffnet, die gezwungen sind, in die Geschäftswelt einzusteigen, sobald ihnen das Gesetz den Schulabgang erlaubt. Dies erfordert die Handbearbeitung von ausgefallenen Taillen und schlichten und ausgefallenen Kleidern, die zu Dutzenden auf Maschinen hergestellt werden, die mit elektrischer Energie betrieben werden. Um diese Arbeit ausführen zu können, sind keine Kenntnisse im tatsächlichen Schneiderhandwerk erforderlich. Voraussetzung ist die Fähigkeit, schnell gute Handarbeit zu leisten . In manchen Betrieben gibt es für begabte Mädchen die Möglichkeit, vom Finisher zum Tuchmacher aufzusteigen, wobei letztere Position ein hohes Gehalt verlangt.

Die Herstellung feiner, handgefertigter Unterwäsche, Taillen und Kleider ist eine weitere Gelegenheit für Mädchen, die sich in kurzer Zeit auf ihren Lebensunterhalt vorbereiten können. Arbeiten dieser Art sind von viel höherer Qualität als die der Großhandelsveredelung und erfordern die Fähigkeit, äußerst gute Hand- und Maschinenarbeit auszuführen. Der

Arbeiter muss in der Lage sein, mit den feinsten Materialien umzugehen und die kompliziertesten Arbeiten auszuführen, wie z. B. das Einstecken von Hand, das Einnähen von Spitzen und Besätze.

Auch wenn der Studiengang im Berufsbereich auf spezifische Branchen abzielt, ist es unbedingt erforderlich, dass alle Schneiderschüler Erfahrung in diesen Bereichen haben, um besser auf die eigentliche Schneiderei vorbereitet zu sein. Wenn ein Mädchen jedoch in der Lage ist, die Arbeit dieser Kurse zu erledigen, darf es einen oder beide Kurse überspringen.

Arbeitsablauf im Geschäft für Turn- und Badeanzüge: Die Schüler werden ein bis zwei Monate lang im Zusammenfügen, Nähen und Veredeln von Kleidungsstücken geschult. Da nur zwei Arten von Kleidungsstücken hergestellt werden, wird durch viele Wiederholungen Schnelligkeit und ein gewisses Maß an Genauigkeit erreicht. Für den Vertrieb des Produkts wurden durch Großhandelsunternehmen konkrete Vereinbarungen getroffen. Die Materialien werden von der Schule bereitgestellt. Der Preis ist der des Handels.

(1) Artikel: Badeanzüge (patentiert), Badeanzüge und Turnanzüge. (2) Verwendete Materialien: Baumwolle, Wolle, Kammgarn.

Arbeitsablauf in der White Work Class: Während die bisherige Ausbildung allgemein auf Genauigkeit, Schnelligkeit und die Beherrschung von Geist und Hand ausgerichtet war, wird nun zweieinhalb bis drei Monate lang auf feine Detailarbeit und die Handhabung geachtet Hält die edelsten Baumwollwaren frisch und sauber. Die Materialien werden von der Schule bereitgestellt und die Arbeiten zu Handelspreisen an Kunden verkauft.

(1) Prinzipien: Handnähen, Rollen und Schlagen, Ecken auf Gehrung schneiden, Überhandbesatz, Einsetzen von Spitzen und Stickereien von Hand und Maschine, feine Federstiche und weiße Handstickerei. (2) Kleidungsstücke auf Lager und auf Bestellung; feine Unterwäsche, Taillen und Babykleidung. (3) Verwendetes Material: Baumwolle.

III. Handelsbereich – Der Business-Shop. Der Handel erfordert Fachkräfte, bevorzugt werden diejenigen mit einer praktischen Ausbildung. Die Handelsabteilung zielt darauf ab, die Erfahrung mit den Fähigkeiten zu ergänzen, indem den Studierenden die tatsächliche Arbeit und die Bedingungen geboten werden, die auf dem externen Markt gefordert werden. Das allgemeine Schema ist dasjenige, das in mittelgroßen Schneiderbetrieben verwendet wird.

Im Arbeitsraum gibt es Tische, die den verschiedenen Arbeitsarten gewidmet sind. Die Schüler erwerben aus jeder Erfahrung eine bestimmte Menge an Wissen und wechseln so schnell von einer zur anderen, wie es ihre Fähigkeit, die Prinzipien zu begreifen, zulässt. Für jede Abteilung ist ein berufserfahrener Ausbilder zuständig, der die Arbeiten vorbereitet und überwacht und auch die Fachteile übernimmt, die die Studierenden aufgrund mangelnder Erfahrung nicht bewältigen können.

Den Mädchen wird das Zuschneiden, Anpassen und Drapieren nicht beigebracht, da der Handel einem sechzehnjährigen Mädchen aufgrund ihres Mangels an Urteilsvermögen und Erfahrung nicht erlauben würde, sich an dieser Arbeit zu versuchen; Sie haben jedoch die Möglichkeit, die Arbeit zu sehen und bei der Vorbereitung mitzuhelfen. Kein Mädchen in der Werkstatt wird ein komplettes Kleidungsstück herstellen, aber sie wird viele Male an allen Teilen gearbeitet haben.

Sonderanfertigungen versorgen den Shop mit Arbeit. Die Kunden werden befragt, Messungen durchgeführt, Kostenvoranschläge erstellt und Anprobentermine geplant. Die gewonnenen Informationen werden auf dafür vorbereiteten Rohlingen aufgezeichnet. Die Materialien werden eingekauft, die Kleidungsstücke zugeschnitten und die verschiedenen Teile (Röcke, Taillen, Ärmel) an die Tische geliefert, an denen diese Arbeit erledigt wird. Für die Erfassung aller für die Arbeit der Kunden verwendeten Materialien werden Formulare bereitgestellt, aus denen in der Zentrale die Rechnungen erstellt werden. Der Lagerbestand wird nur auf unterschriebene Anforderung aus den Lagerräumen bezogen. Der Lagerverwalter misst und liefert die Materialien und vermerkt die entnommene Menge auf jedem Paket.

Kurs in Schneiderei:

1. Futter: Taille (Übungsmaterialien): Heften, Nähen, Bügeln, Binden, Entbeinen (Walbein, Federbein); Haken und Ösen; gegenüber; bewölkt.

2. Hemdblusen und Krankenschwesteruniformen: Abdeckringe; Herstellung von Hemdbündchen; Anfertigen einer Knopfleiste für Hemdblusen; Anlegen von Nackenbändern.

3. Röcke: Petticoats oder Hängeröcke für; Heften, Nähen, Pressen; Nähte, Bänder, Knopfleisten; Zuschneiden, Stecken, Band anlegen.

4. Beschnittene Röcke: Steppnaht; Hutmacher- und Flachfalten; Knopflöcher abdecken; Binden, Raffen, Schnüren, Falten, Paspeln, Belegen, Flechten.

5. Beschnittene Taillen: Anwendung von Grundsätzen; Erfahrung in der Herstellung und Anwendung von Beschnitten und im Umgang mit empfindlichen oder verderblichen Materialien.

6. Beschnittene Ärmel: Anwendung in allgemeinen Kenntnissen und Erfahrung im Anbringen von Besätzen.

7. Im Geschäft hergestellte Kleidungsstücke: Hemdblusen, schicke Umhängetaschen und Umhänge; Uniformen für Krankenschwestern und Dienstmädchen; Tanzkleider; aufwendige Taillen; Straßen-, Nachmittags- und Abendkleider; maßgeschneiderte Anzüge.

8. Verwendete Materialien: Alle Arten von Baumwoll-, Leinen-, Seiden-, Woll- und Kammgarn-Kleiderstoffen; Chiffon, Mousseline und Besätze aller Art.

IV. Ergebnisse des Trainings. Bald ist eine Veränderung im allgemeinen Erscheinungsbild der Mädchen erkennbar, wofür wahrscheinlich die Fähigkeit, ihre eigene Kleidung herzustellen, und der verfeinernde Einfluss der guten Arbeit an guten Materialien verantwortlich sind. Die Elemente guter Ordnung, Gehorsam, Rücksichtnahme, Urteilsvermögen, Selbstbeherrschung, Fleiß und Sparsamkeit werden gefördert, und es werden alle Anstrengungen unternommen, um intelligente Arbeiter hervorzubringen.

Die Tatsache, dass die Mädchen der Berufsschule bei Eintritt in den Beruf fast das Doppelte des Gehalts erhalten, das unausgebildeten Mädchen gegeben wird, zeigt, dass sie für die Außenarbeitsräume geeignet sind.

V. Abteilungsbeziehungen. Der Schwerpunkt, den die akademischen und künstlerischen Abteilungen auf Genauigkeit, sorgfältige Arbeit und das Verständnis von Maßen, Abständen, Farben und Formen legen, war für die Studenten der Schneiderei-Abteilung von großem Wert. Die Betriebsabteilung war auch behilflich, einige der Studenten für die Arbeit an speziellen Maschinen auszubilden und sie so in die Lage zu versetzen, Kleiderdekorationen herzustellen. Der Einsatz von Elektromaschinen in Maßschneidereien nimmt zu.

VI. Handelsbeziehung. Die Abteilung bleibt durch persönliche Besuche, durch die Häuser, die ihre Produktion kaufen, und durch diejenigen, von denen die Vorräte gekauft werden, in engem Kontakt mit den Handelsbedingungen. Durch das freundliche Interesse des Handels konnten viele Möglichkeiten zum Materialeinkauf zu vergünstigten Konditionen gesichert werden.

Ein aus Geschäftsleuten bestehender Beirat wurde ernannt, um über den Arbeitsplan, den Standard und die Qualität der Arbeit sowie die Kosten und den Marktwert der Produkte zu urteilen.

ABTEILUNG FÜR MODEWAREN

## Ziel

Das Ziel der Hutmacherei-Abteilung ist die Ausbildung von Assistenten, Verbesserern, Rahmenmachern und Vorbereitern für Großhandels- und Sonderwerkstätten.

## Kurze Einführung

Als diese Abteilung zum ersten Mal eröffnet wurde, war der Arbeitsumfang für die Tageskurse viel umfassender und umfasste die Ausbildung von Kopisten, Designern und Hutmachern. Die Beschränkung des Kurses auf eine eher elementare Vorbereitung war darauf zurückzuführen, dass die jungen, ungelernten oder teilweise qualifizierten Arbeiter mit diesem Beruf unzufrieden waren. Der enge und kontinuierliche Kontakt mit Modewarengeschäften zeigte, dass für junge Lohnempfänger ein geringer Anfangslohn und ein nicht sehr schneller Anstieg üblich sind; dass ein kurzes, unregelmäßiges, saisonales Engagement fast unvermeidlich ist; dass es einer langen Erfahrung bedarf, bevor selbst das ausgebildete Mädchen in höhere Positionen aufsteigen kann; dass junge Arbeitnehmer entmutigt werden und dazu neigen, den Beruf sogar für niedrigere Löhne ganz aufzugeben, wenn sie in einem anderen Beruf eine feste Anstellung finden können. Da es sich um das vierzehn- oder fünfzehnjährige Mädchen handelte, das zum Unterricht kam, war es für sie besser, eine gute Ausbildung als Assistentin zu haben, als sie für eine höhere Position an der Schule festzuhalten, die ihr wahrscheinlich nicht zugestanden würde Berücksichtigen Sie ihre Jugend und Unerfahrenheit. Studierende in dieser Abteilung müssen mit besonderer Sorgfalt beobachtet werden, um festzustellen, ob sie für ihren Beruf gut geeignet sind, und die mittelmäßige Arbeitnehmerin sollte sich besser in einen anderen Bereich begeben, in dem die Chancen für sie ermutigender sind. Da der Fortschritt nur langsam voranschreitet, sollte das Mädchen, dessen Armut sie auch dazu drängt, einen Lohn zu verdienen, diese Arbeit besser nicht wählen.

Die an der Schule angebotenen Abendkurse vermittelten eine Ausbildung in den fortgeschritteneren Bereichen der Hutmacherei. Auch die Tagesklassen sind dazu bereit, wenn ältere Arbeitnehmer das Gefühl haben, Zeit für den Unterricht aufwenden zu können.

### UNTERRICHTSVERLAUF

Dauer des Kurses: Sechs Monate.

1. Übung: Raffen, Falten, Kordeln, Rollsaum, einfache Falte, Hutmacherfalte sowie Schneiden und Verbinden von Schrägstücken.

2. Herstellung und Bespannung von Schnallen und Knöpfen; Drahtbänder und Schnürsenkel; Herstellung von Hutfuttern und Drahthüten.

3. Bandeaux: Wire, Capenet und Buckram.

4. Drahtrahmenkonstruktion anhand von Abmessungen und Modellen; Herstellung von Rahmen aus Buckram, Capenet und steifer Weide.

5. Rahmen mit Krinoline, Capenet , Mull, Maline und weicher Weide bespannen.

6. Beläge: Glatt, gerafft und in Falten.

7. Bindungen: Dehnen, Puffen und Rollen.

8. Plateaux : Schlicht und schick.

9. Herstellung von Hüten aus Stroh, Seide, Chiffon, Malin und Samt.

10. Nähen von Besätzen an Hüten und Nähen von Futter in Hüte.

11. Renovieren: Bänder, Samt, Spitze, Federn, Blumen.

12. Maschinenarbeit: Einfaches Nähen, Falten, Kräuseln, auf den Stoff genähte Schrägstreifen.

Es werden Bestellungen für eine begrenzte Menge an beschnittenen Hüten entgegengenommen, um den Schülern Erfahrung in der Vorbereitung, dem Annähen des Besatzes und der Fertigstellung des Hutes zu vermitteln.

Da Hutmacherei ein Saisonberuf ist, wird den Studierenden empfohlen, zusätzlich die Herstellung von Lampen und Kerzenschirmen in der Neuheitenabteilung oder das Nähen von Stroh in der Betriebsabteilung zu belegen. So erhalten sie in den Monaten, in denen ihr eigener Handel langweilig ist, gute Geschäfte.

NEUHEITENABTEILUNG

### Ziel

(1) Den Umgang mit Kleister und Leim in mehreren guten Berufen lehren. (2) Ein kurzer Kurs in der Herstellung von Lampenschirmen und Kerzenschirmen für Mädchen, deren reguläres Handwerk im November, Dezember und Januar langweilig ist.

### Arbeitsbereiche

Mustermontage, Arbeiten an Neuheiten, Herstellung von Schmuck- und Silberwarengehäusen, Herstellung von Lampenschirmen und Kerzenschirmen.

### Gewerbe und Löhne

Bei der Mustermontage handelt es sich um das Aufkleben oder Aufkleben von Mustern aller Art auf Karten oder in Bücher, die von Verkäufern beim Verkauf von Waren verwendet werden sollen. New York ist ein Zentrum für diese Art von Arbeit. Es gibt vielen Mädchen das ganze Jahr über

Beschäftigung und bietet Löhne zwischen 5 und 15 US-Dollar pro Woche. Die einfacheren Mustermontagemethoden können von fast jedem Mädchen erlernt werden. Ein kluger Student kann diesen Beruf in sechs Monaten erlernen.

Neuartige Arbeiten sind das Beschichten und Auskleiden von Koffern und Kästen mit unterschiedlichen Materialien. Mädchen können zwischen 5 und 18 US-Dollar pro Woche verdienen und das Handwerk im Alter von acht Monaten bis zu einem Jahr erlernen.

Bei der Herstellung von Schmuck- und Silberbesteckkisten lernen die Mädchen, die Kästen abzudecken und auszurichten; Sie verdienen zwischen 5 und 15 US-Dollar pro Woche. Es dauert zwischen acht Monaten und einem Jahr, diesen Beruf zu erlernen.

Herstellung von Lampenschirmen und Kerzenschirmen: Ein kurzer Kurs wird guten Nähern angeboten, die einen Beruf erlernen möchten, der ihnen im November, Dezember und Januar, der Hochsaison in diesem Beruf, eine Anstellung verschafft. Mädchen können zwischen 1 und 2 US-Dollar pro Tag verdienen. Es ist ein sehr guter Kurs für Hutmacher, da die Arbeit ähnlich und daher leicht zu erlernen ist und die Freizeit in der Hutmacherei die geschäftigste Zeit in diesem Beruf ist.

## Arbeitsablauf

Alle Schüler der Neuheitenabteilung absolvieren einen kurzen Kurs zur Mustermontage, um den Umgang mit Kleister und Kleber zu erlernen. Einige werden bald in die Neuheitenarbeit überführt, während andere mit der Mustermontage fortfahren und eine größere Vielfalt an Arbeiten in diesem Bereich übernehmen. Diejenigen, die sich für die Herstellung von Lampen und Kerzenschirmen anmelden, nehmen nicht an der Probemontage teil, sondern kommen aus dem Hutmacher- oder Nähkurs, wo sie etwas Übung mit der Nadel absolviert haben.

### Wechselbeziehung mit akademischer und künstlerischer Arbeit

Im akademischen Unterricht werden die Mädchen in Maßen eingeübt und haben Probleme, die Material- und Arbeitskosten abzuschätzen. Ihre Diskussionen beziehen sich auf tatsächliche Prozesse und Materialien, die in den Kursen der Neuheitenabteilung verwendet werden.

Im Kunstunterricht lernen die Mädchen, gerade Linien und rechtwinklige Ecken zu zeichnen, Ecken auf Gehrung zu schneiden, auf einer Linie zu falten, gute Buchstaben und Figuren zu zeichnen und gute Proportionen und Ausgewogenheit zu schätzen. Diese Arbeit ermöglicht es der Schülerin, ihre Proben in geraden Linien mit geeigneten Rändern auf der Karte anzuordnen und die Namen der Materialien und Lagernummern sauber auf die Karte zu drucken. Die Materialbesprechung hilft ihr, ihre Materialien so zuzuschneiden und auf den Hüllen zu platzieren, dass das Design optimal zur Geltung kommt. Die Farbarbeit hilft ihr dabei, die besten Farbtöne für Bänder oder Futter für die gemusterten Bezüge auszuwählen.

## Aufträge

Wo Handelsaufträge genutzt werden können, ohne dass die Mädchen zu lange auf einer Aufgabe sitzen bleiben, stellen sie einen großen Anreiz dar und helfen ihnen auch dabei, Geschwindigkeit zu erlangen. Private Aufträge sorgen für mehr Abwechslung in der Arbeit und ermöglichen den Mädchen so, sich leichter an die neuen Stile jeder Saison anzupassen. Da die Anzahl der Privataufträge jedoch geringer ist, helfen sie den Schülern nicht dabei, die Geschwindigkeit zu erreichen, die durch die Wiederholung bei den großen Handelsaufträgen erreicht wird. Jede Art von Ordnungsarbeit wird verwendet, da sie für die Entwicklung des Schülers von Vorteil sein kann.

### KUNST ABTEILUNG

Die Arbeitsabläufe in der Kunstabteilung richten sich nach den Bedürfnissen der jeweiligen Fachabteilungen. Verschiedene Arbeitsphasen in den Bereichen Schneiderei, Elektrizitätsbetrieb, Neuheiten und Hutmacherei werden zu „Zentren des Interesses" gemacht. Jedes Mädchen findet somit, dass ihre Kunst ihr dabei hilft, in ihrem Beruf wertvoller zu sein. Ihr Enthusiasmus wird geweckt und sie wird direkt entlang der Linie ihrer gewählten Arbeit zur Selbstverwirklichung angeregt. Den eintretenden Studierenden mangelt es an technischen Fähigkeiten, die sie in ihrem Beruf einsetzen können. Der erste Schritt besteht daher darin, die in ihren Abteilungen erforderlichen Grundübungen durchzuführen. Darauf folgen schwierigere und künstlerischere Arbeiten, wenn der Schüler sein Können unter Beweis stellt .

## Ziele

Die Arbeit der Handelsabteilungen unterstützen, den von jedem Studenten gewählten Beruf verbessern und Ideale vermitteln.

## Bedingungen

Zeit eines durchschnittlichen Kunststudenten: sieben Monate, drei Stunden pro Woche. Vorherige Kunstausbildung kaum oder gar nicht vorhanden.

## Schwierigkeiten

Die Schüler sehen oder schätzen nicht richtig; Sie sind nicht exakt und es mangelt ihnen an Idealen.

## Organisation von Kunstwerken

I. *Allgemeiner* Kurs für *alle* Studierenden, der die Kunstabteilung mit den Handelskursen verbindet. Ungefähre Dauer: drei Monate, dreimal pro Woche.

1. Proportionsprinzipien: Messungen mit Lineal und Freihand. Verwandte Linien und Größen, z. B. bei Säumen und Rändern.

2. Allgemeine Anwendung der Prinzipien: (1) Horizontale, vertikale, schräge Linien für die Maschinenübung. (2) Verwandte Ränder und Flecken, wie sie beim Schreiben von Briefen verwendet werden, die geordnete Platzierung des Betreffs auf einer Seite.

3. Spezifische Abteilungsarbeit: Die Abteilungen äußern ihre Bedürfnisse gegenüber der Kunstabteilung. (1) Maschinenbetrieb: ( *a* ) Linien – horizontal, vertikal, schräg, für Maschinenübungen. ( *b* ) Quilten, Banderolieren, Übung für Kurven und rechtwinklige Ecken.

(2) Nähen: ( *a* ) Linien – horizontal, vertikal, schräg, für maschinelles und manuelles Üben und Schneiderheften. ( *b* ) Säume und Biesen gemäß den Vorgaben der Abteilung und im Verhältnis zum Kleidungsstück. ( *c* ) Konstruktives Zeichnen – Angabe verschiedener Winkel und Figuren im Hinblick auf eine intelligente Verwendung von Mustern für Taillen und Röcke. ( *d* ) Zusammenfügen von Schrägen und Gehrungsecken.

(3) Neuheit: ( *a* ) Linien – horizontal, vertikal, schräg, zur Probenmontage. ( *b* ) Abstände für die Probenmontage. ( *c* ) Schriftzüge und Figuren zur Mustermontage. ( *d* ) Ränder zum Einfügen unterschiedlich geformter Etiketten und Muster. ( *e* ) Papier falten, Ecken auf Gehrung schneiden.

(4) Modewaren: ( *a* ) Linien – horizontal, vertikal, schräg, für Handnähübungen. ( *b* ) Proportionsprobleme für die Drahtgitter. ( *c* ) Schrägverblendungen sowie Gehrungs- und rechtwinklige Ecken. ( *d* ) Farbe.

Studierende, die nicht weiter von dem Kunstwerk profitieren können, werden vom Kurs ausgeschlossen und widmen diese Zeit ihrem Beruf.

II. *Ergänzungskurs* für befähigte Studierende, die den vorgeschriebenen Fachbereichskurs abgeschlossen haben. Ungefähre Zeitspanne: sieben bis neun Monate.

1. Maschinenbedienung: (1) Erster Schritt im Design, Anordnung der geraden Linien in den Rändern und geordnete Anordnung der Punkte in den Rändern. (2) Quadratische Designs, die zur Koordination schabloniert werden . (3) Beispielhafte gekrümmte Liniendesigns, kontinuierlich (Einschränkungen der Maschine und der Geschwindigkeit). (4) Muster für Übungsarbeiten an der Spezialmaschine. (5) Spezialkräfte zum Üben der Übungen für die Bonnaz-Maschine. (6) Farbe – drei Diagramme. (7) Übungen zum Perforieren.

2. Nähen: (1) Einfache Designs für Hemdbündchen und zum Flechten. (2) Designs für Revers, Manschetten, Westen und Passen. (3) Proportionen der Figur. (4) Kopieren aus Zeitschriften für technische Zwecke. (5) Diskussionen über Kleidung für Handwerker. (6) Farbharmonie in Kleidern und Applikationen.

3. Hutmacherei: (1) Skizzieren verschiedener Ansichten der Hüte. (2) Skizzieren von Modellen. (3) Farbharmonien und Anwendung. (4) Diskussionen darüber, wie Kunstprinzipien auf Hüte der Gegenwart angewendet werden können.

4. Neuheit: (1) Einfache, eckige Designs, die zur Koordination von Hand und Kopf schabloniert wurden und nicht in der Handwerksarbeit gewonnen wurden. (2) Einfache Beleuchtung von Wörtern und Phrasen. (3) Die für Unterlagen, Schreibtischsets und Boxen zu verwendenden Materialien und Dekorationen werden besprochen und ausgeführt.

In diesem Zusatzkurs liegt der Schwerpunkt auf dem Denken, der Erfindungsgabe und der Wertschätzung des Studenten.

III. *Spezieller* Kurs für Studierende, die außergewöhnliche künstlerische Fähigkeiten zeigen und diese im Handel einsetzen können.

1. Kostümskizzen zur Erstellung von Aufzeichnungen in Schneidereien.

2. Stanzen und Perforieren: ( *a* ) Maschinenübungen – Treten, Führen der Nadel, Einfädeln der Maschine und Erlernen der Anpassung der verschiedenen Teile. ( *b* ) Stempeln auf verschiedenen Materialien mit den verschiedenen Medien; Zusammensetzung der verschiedenen Medien, flüssig und trocken. ( *c* ) Kopieren von Mustern zum Perforieren; Naturstudie für Motive; diese zu konventionalisieren, um sie auf Materialien anzuwenden.

(Alle Designs sind handelsüblich und werden nach handelsüblichen Methoden hergestellt.)

AKADEMISCHE ABTEILUNG

## Ziel

I. Grundschule: Zur Ergänzung der bisherigen Schulbildung. Mädchen, die die öffentliche Schule aufgrund schlechter Klassen verlassen haben, benötigen in den allgemeinen Zweigen besonderen Nachhilfeunterricht. Auch für neu angekommene Ausländer ist eine spezielle Unterweisung erforderlich.

II. Handel: Um den Geist zu beleben und zu bereichern, damit das Mädchen eine effizientere, intelligentere und enthusiastischere Handwerkerin werden kann.

Die Arbeit fällt in die folgenden Fächer: Staatsbürgerkunde, Industrie, Arithmetik, Englisch.

## Staatsbürgerkunde

Dieser Kurs soll es der Schülerin ermöglichen, ihren Platz in der Familie, der Schule, der Gemeinschaft und in der Weltarbeit zu erkennen. In Ermangelung eines besseren Begriffs wird es Staatsbürgerkunde genannt. Es wird unter zwei Überschriften behandelt: (1) Gemeinschaftsleben im Allgemeinen, (2) Gemeinschaftsleben in New York City.

1. Unter der ersten Überschrift folgt auf die Diskussion des Lebens in einer bestimmten Gemeinschaft die einfachen Fakten, die die Grundlage des bürgerlichen Lebens bilden. Diese werden durch die Interessen oder Wünsche angegangen, die der Schüler mit allen anderen Menschen gemeinsam empfindet. Aufbauend auf den eigenen Erfahrungen der Schülerin wird sie dazu gebracht, die erhaltenen Ideen auf ihre eigene Gemeinschaft anzuwenden, deren Wirkungskreis sich immer weiter ausdehnt und von der Nachbarschaft oder der Schule auf die Stadt, den Staat und weiter auf die Nation übertragen wird.

Staatsbürgerkunde vermittelt den Schülern auch Kenntnisse über die bestehenden Gesetze, nach denen sie arbeiten werden, von wem diese Gesetze erlassen werden und über die möglichen Mittel zu ihrer Verbesserung. Bei der Diskussion von Themen wie Mietshausgesetzen, Kinderarbeitsgesetzen und Gewerkschaften besteht die Möglichkeit, haus- und betriebswirtschaftliche Aspekte einzuführen, die sich als wertvoll erwiesen haben. Die Ökonomie wird durch die ausführliche Erörterung der Aufteilung eines Einkommens von 6 US-Dollar pro Woche für fünfzig Arbeitswochen weiter vermittelt, wobei Fahrkosten, Mittagessen, Ersparnisse, ein Teil für den Familienunterhalt und ein Zuschuss für Kleidung berücksichtigt werden. Die Literatur für diesen Kurs wird vom US-Handels- und Arbeitsministerium, dem State Department of Factory Legislation, der Consumers' League, den National and State Labour Committees und aktuellen Zeitschriften bezogen. Mr. Arthur M. Dunns „Die Gemeinschaft und der Bürger", insbesondere Kapitel wie die „Making of Americans", „How the Government Aids the Citizen in His Business Life", „Waste and Saving", „What the „Community tut für diejenigen, die nicht zu ihrem Fortschritt beitragen können oder wollen" hat wertvolle Hilfe bei der Anbahnung von Diskussionen geleistet, die sich direkt auf das tägliche Leben und die Arbeit auswirken.

2. Die folgende Übersicht zeigt die Behandlung der zweiten Abteilung der Staatsbürgerkunde:

New York City: (1) Stadtregierung, ( *a* ) Beamte, Bürgermeister, Kommissar, Bezirkspräsident, Stadträte; ( *b* ) Stadtämter. (2) Staatsbürgerschaft, ( *a* ) Wer sind Bürger, ( *b* ) Wie man Staatsbürger wird, ( *c* ) Pflichten und Privilegien von Bürgern, ( *d* ) Ausländer. (3) Kinderarbeitsgesetze, ( *a* ) Schulbesuch, ( *b* ) Arbeitspapiere, wie erhalten, ( *c* ) Arbeitsstunden. (4) Fabrikgesetze für Mädchen über 16 Jahre. (5) Ausbeuterarbeit. (6) Mietshausgesetze. (7) Gewerkschaften. (8) Handel und Industrie von New York. (9) Philanthropien.

## Branchen

Ziel: Der Arbeitnehmerin einen Hintergrund für ihr Handwerk zu vermitteln und ihr dabei zu helfen, ihren Platz in der Arbeitswelt von heute zu erkennen. 1. Es wird ein allgemeiner Überblick über die wichtigsten Schritte im frühen Verlauf des Rennens gegeben. 2. Textile Materialien werden hinsichtlich ihres Wertes, ihrer Verwendung, ihrer Kosten, ihrer Herstellungsverfahren, des Vergleichs ausländischer und inländischer Waren mit Gründen für die Unterschiede und der damit verbundenen Rechenprobleme, denen die Schüler begegnen werden, besprochen. Diese Themen helfen dem Mädchen, sich mit dem vertraut zu machen, womit sie täglich arbeitet, und wecken Interesse an ihrem persönlichen Bezug zu dem Thema. Das englische Mädchen, dessen Vater einst in einem Spitzenhaus in London beschäftigt war, bringt montierte Exemplare dieser Art von Handarbeit mit in den Unterricht; die Ungarin bringt handgesponnene Artikel aus dem Brautoutfit ihrer Mutter mit; Der Italiener präsentiert einen Strang Rohseide aus der Schatzkiste der Familie und das Mädchen aus Rumänien bringt eine bestickte Bettdecke mit. Die Schülerin, deren Mutter nicht glaubt, dass jemals Baumwolle auf Büschen gewachsen ist, bittet sie, ihre eigene Aussage zu überprüfen, indem sie einen echten Wattebausch mit nach Hause nimmt. Um den Unterricht in die Realität umzusetzen, wird ein Arbeitsmuseum eingerichtet, und bei Bedarf werden im Klassenzimmer Ausstellungsstücke ausgestellt, die die Schritte bei der Herstellung von Stoffen und anderen bekannten Artikeln zeigen. Eine Pinnwand sorgt für die zahlreichen mitgebrachten Zeitungsausschnitte der Schüler oder Lehrer.

## Arithmetik

Ziel: Das grundlegende Ziel der Arithmetik besteht darin, den Schülern Arbeitsmethoden für die in der beruflichen Praxis auftretenden Probleme zu vermitteln. Um den Mädchen den Zusammenhang zu verdeutlichen, werden arbeitsraumübliche Präsentations- und Phraseologiemethoden sowie die üblichen Materialien eingesetzt. Näh- und Bedienschüler fertigen Säume, Biesen und Rüschen nach tatsächlichen Maßen an; Neuheitsmädchen schneiden und arrangieren Karten für Muster entsprechend den

Anforderungen ihres Arbeitszimmers; und Hutmacherstudenten erarbeiten die Maße für Hutrahmen so genau, wie es die verschiedenen Stile zulassen.

Nachdem die Grundlagen der Handelsprobleme etabliert sind, wird die Arithmetik entlang spezieller Branchen weiterentwickelt, um den Anforderungen der Geschäftswelt gerecht zu werden. Die ausgebildete Arbeitskraft sollte nicht nur mit der Handhabung von Werkzeugen und Materialien vertraut sein, sondern auch in der Lage sein, ihre eigenen Probleme zu berechnen, z. B. Kostenvoranschläge für Kleidungsstücke, wie man Materialien wirtschaftlich zuschneidet, die Kosten eines Kleidungsstücks oder Artikels im Verhältnis dazu Kosten vieler gleicher Art, Preise und ähnliche Handelsfragen. Die Fähigkeit, sich mit diesen Themen auseinanderzusetzen, steigert den Wert einer Fachkraft wesentlich.

Das zentrale Ziel des Kurses besteht darin, den Schüler zu schnellem und genauem Kopfrechnen zu führen. Dies wird durch häufige mündliche Übungen zu Handels- und Geschäftsproblemen angeregt, bei denen kurze Rechenmethoden zum Einsatz kommen. Umfang und Fortschritt dieser Arbeit richten sich nach den Fähigkeiten der Klasse.

Die folgenden Skizzen zeigen die Anpassung der Arithmetik an die verschiedenen Gewerke:

*Bedienung* : (1) Zuschneiden von Maßen, ( *a* ) für Säume, ( *b* ) für Biesen. (2) Einsteckprobleme, ( *a* ) mit Messgeräten, ( *b* ) als formale arithmetische Probleme. (3) Kräuselprobleme. (4) Zeitprobleme, Abteilungszeitpläne als Grundlage für die Arbeit. (5) Fabrikprobleme. (6) Einnahmen, Ausgaben, Ersparnisse. (7) Rechnungen und Quittungen. (8) Berechnung der für Kleidungsstücke erforderlichen Materialmenge, ( *a* ) durch Vermessen von Kleidungsstücken, ( *b* ) durch Verwendung von Mustern auf Stoff, ( *c* ) Materialeinsparung. (9) Probleme basierend auf der oben genannten Arbeit. (10) Bürgerprobleme.

*Nähen* : (1) Zuschneiden von Maßen, ( *a* ) für Säume, ( *b* ) für Biesen. (2) Probleme beim Verstauen. (3) Kräuselprobleme. (4) Berechnung der für Kleidungsstücke erforderlichen Materialmenge, ( *a* ) durch Vermessen von Kleidungsstücken, ( *b* ) durch Verwendung von Mustern auf Stoff, ( *c* ) Materialeinsparung. (5) Probleme basierend auf der oben genannten Arbeit. (6) Speicherprobleme. (7) Rechnungen und Quittungen. (8) Einnahmen, Ausgaben, Ersparnisse. (9) Textilprobleme. (10) Bürgerprobleme.

*Neuheit* : (1) Mustermontage, ( *a* ) Karten werden auf eine bestimmte Größe zugeschnitten und mit dem Lineal in Felder für Muster mit geeigneten Rändern usw. unterteilt, je nach Handelsanforderungen, (b ) Probleme im Zusammenhang mit den verschiedenen Größen und Formen von Karten und Mustern, wobei Karten und Lineale für die Arbeit verwendet werden. (2)

Probenschneiden. (3) Zuschnittmaterialien für Kartons, ( *a* ) Zellstoffkarton, ( *b* ) Abdeckung glatt, geblümt, ( *c* ) Materialeinsparung. (4) Probleme basierend auf der oben genannten Arbeit. (5) Handelsprobleme, ( *a* ) bei der Probenmontage, Genauigkeit, Geschwindigkeit, ( *b* ) Materialkosten. (6) Rechnungen und Quittungen. (7) Einnahmen, Ausgaben, Ersparnisse. (8) Bürgerprobleme.

*Hutmacherei* : (1) Vermessung von Rahmen. (2) Handelsprobleme, ( *a* ) Materialmenge, ( *b* ) Materialpreis, ( *c* ) Materialeinsparung. (3) Bestellungen, ( *a* ) per Brief, ( *b* ) per Bestellformular. (4) Rechnungen und Quittungen. (5) Einnahmen, Ausgaben, Ersparnisse. (6) Probleme bei der Seidenherstellung. (7) Bürgerprobleme.

## Englisch

Ziel: 1. Den mündlichen und schriftlichen Ausdruck erleichtern. 2. Übung in Geschäftsformen geben: *Rechtschreibung* : (1) Fachbegriffe der einzelnen Handelsabteilungen; (2) Textilien und andere Handelsmaterialien; (3) Allgemeine Geschäftsbedingungen. *Beschreibungen* : (1) Schriftliche Arbeit über die in den einzelnen Abteilungen verwendeten Materialien und hergestellten Artikel; (2) Gliederung und Definition der Abteilungsarbeit. *Geschäftsformulare* : (1) Bewerbungsschreiben; (2) Briefe zur Bestellung von Waren; (3) Telegramme, Postkarten usw.; (4) Verfassen von Anzeigen.

Neben Übungen in der Rechtschreibung und im Schreiben von Geschäftsformularen soll die Arbeit in englischer Sprache in enger Verknüpfung mit den anderen Unterrichtsfächern stehen. In der Regel verbringen die Schüler den letzten Teil jeder Rezitationsstunde damit, sich schriftlich mit dem behandelten Thema auseinanderzusetzen. Der Zweck besteht darin, von ihnen freie Meinungsäußerung zu erhalten, nachdem das Interesse an einem Thema geweckt wurde, und nicht darin, lange Aufsätze zu erhalten, die ein Heimstudium erfordern und wahrscheinlich eine Abneigung gegen schriftliche Arbeit hervorrufen. Die Aufmerksamkeit wird auf die Absätze gelenkt und sowohl auf die Form als auch auf die Art des Schreibens Wert gelegt, aber die Form wird dem Denken unterworfen. Die Wechselbeziehung der Kunstabteilung hilft dem Studenten, die Notwendigkeit einer guten Form beim Erscheinungsbild einer geschriebenen Seite zu erkennen.

### ABTEILUNG FÜR SPORTUNTERRICHT

Die junge Erwerbstätige, die mit vierzehn Jahren ungelernt ins Handwerk geht, ist durch ihre körperliche Verfassung stark beeinträchtigt. Entweder aus Unwissenheit oder Vernachlässigung werden frühe Krankheitssymptome ignoriert, und erst als sie aufgrund körperlicher Schwäche arbeitslos wird, erkennt sie, dass gute Gesundheit das Kapital des berufstätigen Mädchens ist.

Bei vielen Mädchen, die die Schule besuchen, wird festgestellt, dass sie unter einer Sehschwäche leiden; vergrößerte Drüsen durch verfallene Zähne; schlechte Nasenatmung als Folge von Adenoidwucherungen oder vergrößerten Mandeln; Anämie ; Hautausschläge; leichte Asymmetrien und Fehlhaltungen. Diese Defekte führen zu übertriebenen Nervensymptomen und schlechter Ernährung.

## Ziel

Die Aufgabe der physikalischen Abteilung besteht darin, so viele dieser Unregelmäßigkeiten wie möglich zu korrigieren und der Schülerin Wissen über ihren Körper und seine Pflege beizubringen, damit sie die langen Stunden der eingesperrten Arbeit ertragen und sein kann in der Lage ist, in ihrem Beruf effiziente Ergebnisse vorzuweisen.

Für jeden eintretenden Studierenden ist folgende Prüfung erforderlich:

*Körperliche Untersuchung* : Beginnend mit der Familienanamnese wird eine vollständige Aufzeichnung aller wichtigen Ereignisse im Zusammenhang mit dem physischen Leben eines Schülers erstellt. Sie wird sorgfältig auf Asymmetrie untersucht; Krümmung, beginnend oder gut definiert; Spuren von Tuberkulose; Herz- und Lungenschwäche; vergrößerte Drüsen; Hauterkrankungen oder Anzeichen nervöser Störungen. Sie wird eingehend zu allen Körperfunktionen befragt und Unregelmäßigkeiten werden sorgfältig protokolliert. Augen, Ohren, Zähne, Nase und Rachen werden ebenfalls untersucht. Es werden Abdrücke der Füße angefertigt, um eine Schwäche des Fußgewölbes oder einen Plattfuß festzustellen. Messungen der Größe, des Gewichts und der Hauptausdehnungen werden zum Vergleich mit späteren Aufzeichnungen und zum Zweck des Vergleichs mit dem normalen Standard vorgenommen.

## Verordnete Behandlung

Nach der Untersuchung wird das Mädchen über die gegebenenfalls erforderliche Behandlung informiert. Wenn sie vollkommen normal ist, erscheint sie dreimal pro Woche zum Turnen. Werden Asymmetrien, Wirbelsäulenverkrümmungen, Herzerkrankungen oder Nervenstörungen festgestellt, muss sie sich zu speziellen Korrekturübungen in der Schule melden. Teilweise erfolgt auch Einzelunterricht zur Ergänzung der Heimarbeit. Fälle, die spezielle Geräte und individuelle Aufmerksamkeit erforderten, wurden dank der Freundlichkeit des Direktors, Dr. Thomas Denison Wood, in der Sportabteilung des Teachers College behandelt. Den betroffenen Mädchen stehen somit die neuesten Methoden der Wissenschaft zur Verfügung. Liegt eine der zahlreichen Hautkrankheiten vor, die eine häufige und regelmäßige Behandlung erfordern, wird der Student einer Gruppe zugeteilt, die zweimal wöchentlich eine Apotheke aufsucht, um sich einer Elektro- oder Röntgenbehandlung zu unterziehen. Bei vergrößerten Mandeln oder Rachenmandeln wird über die Notwendigkeit einer sofortigen Operation aufgeklärt und alles unternommen, um das Einverständnis der Eltern einzuholen. Wenn die Erlaubnis vorliegt, geht das Mädchen am Sonntagabend in ein benachbartes Krankenhaus, wird am Montag operiert und kehrt am Dienstag nach Hause zurück. Jede Studentin muss ihre Augen gründlich von einem in der Augenapotheke ausgewählten Arzt untersuchen lassen. Bei Bedarf werden Brillen auf Kosten der Eltern beschafft oder von einem an der Schule interessierten Optiker gespendet. Auch bei Nasen-Rachen-Katarrhen ist eine ärztliche Behandlung erforderlich. Die Zähne werden sorgfältig untersucht und die Mädchen werden an ihre eigenen Zahnärzte oder an die an die Schule angrenzende Zahnarztpraxis verwiesen, wo wir das Glück haben, einen begrenzten Teil der Arbeit kostenlos erledigen zu lassen. Fälle von Asymmetrie, die Zahnspangen, Gipsverbände und Operationen erforderten, wurden im Postgraduiertenkrankenhaus behandelt. Tuberkulosefälle im fortgeschrittenen Stadium wurden auf Spezialboote im New Yorker Hafen gebracht oder in Tuberkuloselager im Land geschickt.

Ziel der Entsendung von Mädchen in Krankenhäuser und Apotheken ist es, sie mit Institutionen in Kontakt zu bringen, zu denen sie nach ihrem Verlassen der Manhattan Trade School unabhängigen Zugang haben.

### Statistiken

Die folgenden Statistiken zeigen den Zustand von 278 Mädchen, als sie sich an der Schule anmeldeten. Die Diagramme sind nach den eingegebenen Abteilungen unterteilt. Daraus lässt sich die Notwendigkeit einer besonderen Fürsorge für die Gesundheit des berufstätigen Mädchens erkennen.

| | | Schneidere i. | Kunst . | Modeware n. | Neuheit . | Betrieb s. | Gesamt . |
|---|---|---|---|---|---|---|---|
| Ernährung | Gut | 101 | 7 | 15 | 26 | 35 | 184 |
| | Gerecht | 39 | | 2 | 6 | 18 | 65 |
| | Arm | 7 | | 4 | 10 | 8 | 29 |
| Mentalität | Gut | 122 | 7 | 19 | 33 | 40 | 221 |
| | Gerecht | 21 | | 2 | 6 | 17 | 46 |

| | | | | | | | |
|---|---|---|---|---|---|---|---|
| | Arm | 4 | | | 3 | 4 | 11 |
| Nervenzeichen | Gegenwärtig | 39 | 3 | 6 | 13 | 16 | 77 |
| | Abwesend | 108 | 4 | 15 | 29 | 45 | 201 |
| Asymmetrie, leichte Krümmungen, hohe Hüften oder Schultern usw. | Gegenwärtig | 53 | 4 | 12 | 23 | 29 | 121 |
| | Abwesend | 94 | 3 | 9 | 19 | 32 | 157 |
| Haltung | Gut | 93 | 4 | 8 | 29 | 31 | 165 |
| | Gerecht | 54 | 3 | 13 | 13 | 30 | 113 |
| Haut | Guter Zustand | 95 | 5 | 13 | 32 | 44 | 189 |
| | Akne, Komedonen usw. | 52 | 2 | 8 | 10 | 17 | 89 |
| Drüsen | Guter Zustand | 66 | 3 | 10 | 19 | 20 | 118 |
| | Vergrößert | 81 | 4 | 11 | 23 | 41 | 160 |
| Vision | Brauche eine Brille | 44 | 3 | 8 | 12 | 19 | 86 |
| | Guter Zustand | 103 | 4 | 13 | 30 | 42 | 192 |
| Hören | Defekt | 6 | 1 | | 4 | 1 | 12 |
| | Gut | 141 | 6 | 21 | 38 | 60 | 266 |
| Rede | Gut | 170 | 7 | 20 | 37 | 56 | 260 |
| | Defekt | 7 | | 1 | 5 | 5 | 8 |
| Nasenatmung | Gut | 32 | 1 | 4 | 10 | 13 | 60 |
| | Gerecht | 58 | 4 | 11 | 13 | 28 | 114 |
| | Arm | 57 | 2 | 6 | 19 | 20 | 104 |

| | | | | | | | |
|---|---|---|---|---|---|---|---|
| Mandeln | Gut | 44 | 1 | 6 | 7 | 21 | 79 |
| | Leicht vergrößert | 75 | 2 | 11 | 25 | 24 | 137 |
| | Stark vergrößert | 28 | 4 | 4 | 10 | 16 | 62 |
| Zähne | Gut | 103 | 5 | 16 | 30 | 40 | 194 |
| | Arm | 44 | 2 | 5 | 12 | 21 | 84 |
| | Braucht Aufmerksamkeit | 108 | 4 | 12 | 31 | 40 | 195 |
| Herzen | Gut | 122 | 4 | 21 | 23 | 44 | 214 |
| | Schwach, gereizt oder mit anämischen Geräuschen | 24 | 2 | | 17 | 13 | 56 |
| | Organisches Problem | 1 | 1 | | 2 | 4 | 8 |
| Lunge | Gut | 138 | 5 | 20 | 36 | 58 | 257 |
| | Tuberkulose | 3 | | | 2 | | 5 |
| | Verdacht auf Tuberkulose | 6 | 2 | 1 | 4 | 3 | 16 |
| Füße | Gut | 125 | 7 | 16 | 38 | 53 | 239 |
| | Schwache Bögen | 10 | | 1 | | 4 | 15 |
| | Gebrochenes Fußgewölbe oder Plattfuß | 12 | | 4 | 4 | 4 | 24 |
| Vergrößerte Schilddrüse | | 12 | 1 | 2 | 1 | 7 | 23 |

| | | | | | | |
|---|---|---|---|---|---|---|
| Exophthalmischer Kropf | | 2 | | | 2 | 4 |
| Chorea | | 2 | | 2 | 1 | 5 |
| Korrekturübungen erforderlich | | 5 | 3 | 4 | 7 | 19 |

Eine zweite Untersuchung derselben Mädchen sechs Monate später ergab eine Zunahme an Gewicht, Größe und allgemeinem Gesundheitszustand; 125 wurden ihre Zähne in Ordnung gebracht; sechs wurden wegen Hörstörungen behandelt; zwanzig hatten die Hautklinik besucht; bei allen wurden die Augen untersucht; 86 erhielten eine Brille. In 25 Fällen, in denen die Adenoide und Mandeln entfernt wurden, war das Ergebnis eine Gewichtszunahme, eine bessere Atmung und Herztätigkeit, eine bessere geistige Wachsamkeit und eine spürbare Verbesserung der handwerklichen Arbeit. Wo die Verstopfungen von Nase und Rachen weiterhin bestehen , kommt es zu Gewichtsverlust und verminderter Brusterweiterung sowie einem allgemein geschwächten Zustand. Die Entfernung kariöser Zähne und die Bereitstellung einer gut sitzenden Brille haben die nervöse Reizbarkeit und die Häufigkeit von Kopfschmerzen verringert. Drei Fälle von Tuberkulose wurden in Lager geschickt. Sieben Fälle organischer Herzbeschwerden wurden von Spezialisten behandelt; Neunzehn Mädchen erhielten am Teachers College Korrekturübungen. zwei wurden mit Schuhen und Zahnspangen ausgestattet; zwei wurden in Gipshüllen gesteckt, einer wegen lateraler Rotationskrümmung und einer wegen Neuritis; und ein fortgeschrittener Fall von Chorea wurde ins Krankenhaus eingeliefert. Von den Mädchen, deren Krankenakten in der Liste aufgeführt sind, lässt sich sagen, dass mit Ausnahme der Krüppel und einiger anderer, die einfacher Operationen bedürfen, die einjährige Pflege zeigt, dass nur sehr wenige von ihnen in irgendeiner Weise durch die Auswirkungen einer Krankheit beeinträchtigt sind.

SPORTUNTERRICHT

I. Gymnastik:

1. Grundstufe: 3 30-Minuten-Stunden pro Woche. (1) Schwedische Bodenarbeit für die allgemeine Körperhaltung; (2) Arbeit an der Atemkontrolle; (3) Marschtaktiken für Form und Genauigkeit; (4) Arbeit mit leichten Geräten: ( *a* ) Zauberstäbe, ( *b* ) Hanteln, ( *c* ) Indianerkeulen; (5) Schweres Koordinationsgerät ; (6) Einfache Tänze und Rhythmusarbeit für Anmut und Ausgeglichenheit; (7) Einfache Spiele und Spiele.

2. Fortgeschrittene: 2 Unterrichtseinheiten à 45 Minuten pro Woche. (1) Turntänze mit mehr als drei Figuren; (2) Schwedische und dänische Webtänze im Zusammenhang mit dem Studium der Textilien (akademische Abteilung); (3) Volkstänze Schwedens und Russlands für die Form; (4) Moderne sportliche Tänze für Anmut und Ausgeglichenheit; (5) Sportwettkämpfe: ( *a* ) Laufen und Springen, ( *b* ) Staffel- und Hindernisläufe, ( *c* ) Hockey und Basketball .

3. Spezielle Korrekturarbeiten bei Wirbelsäulenbeschwerden oder Fehlstellungen: (1) Allgemeine Bodenarbeit zur Verbesserung der Beweglichkeit; (2) Freihandarbeit: ( *a* ) einzelne unterstützende und widerstrebende Übungen, ( *b* ) Hängeübungen mit und ohne Hilfe, ( *c* ) Arbeiten mit Eisenhanteln.

II. Hygiene: Hygienegespräche sind ein regelmäßiger Bestandteil der Arbeit und zielen darauf ab, jedem Mädchen Wissen über seinen Körper und seine Funktionen zu vermitteln, das es ihr ermöglicht, auf intelligente Weise für ihre Gesundheit zu sorgen und in ihrem Kopf Ideale der richtigen Gesundheit zu etablieren Wohnen, das in ihrer Umgebung praktisch gestaltet werden kann.

1. *Persönliche Hygiene* : (1) Kurze Untersuchung des Körpers als Ganzes; (2) Die Verwendung von Mund, Nase, Kehlkopf, Luftröhre und Lunge beim Atmen; (3) Pflege von Nase und Rachen: ( *a* ) Die Nase als Infektionsquelle, ( *b* ) Gefahren vergrößerter Mandeln und Rachenmandeln, ( *c* ) Behandlung von Erkältungen; (4) Aufbau und Pflege der Zähne. (5) Das Verdauungssystem: ( *a* ) direkt betroffene Organe und ( *b* ) ihre Pflege, ( *c* ) Störungen des Verdauungssystems; (6) Das Nervensystem, das Gehirn und das Rückenmark; (7) Die Haut, ( *a* ) Struktur und Verwendung, ( *b* ) Hygiene der Haut; (8) Herz und Blutgefäße; (9) Das Haar; (10) Die Ohren; (11) Die Augen; (12) Die Füße; (13) Die Hygiene der Kleidung.

2. *Häusliche Hygiene* : Bau und Einrichtung des Hauses: ( *a* ) Inneneinrichtung, Wände und Verkleidungen, ( *b* ) Belüftung, ( *c* ) Heizung, ( *d* ) Beleuchtung, ( *e* ) Wasserversorgung, ( *f* ) Sanitär und Entwässerung, ( *g* ) Toilettenräume, ( *h* ) Entsorgung von Müll und Asche, ( *i* ) Hausreinigung, Fegen, Staubwischen, Reinigen und Verwendung von Desinfektionsmitteln.

3. *Lebensmittel* : (1) Nährwert von Lebensmitteln; (2) Reinheit der Lebensmittelmaterialien; (3) Kochen – Kochutensilien; (4) Planung von Mahlzeiten.

4. *Krankheiten* : (1) Ursachen und Übertragung; (2) Ansteckende Krankheiten, Pflege, Prävention; (3) Hygiene im Krankenzimmer; (4) Insekten und Ungeziefer; (5) Infektionskrankheiten.